Manfred Mai
Die 100 besten
1-2-3 Minutengeschichten
von klugen Eulen, Schlossgespenstern
und müden Zwergen

Manfred Mai

Die 100 besten
1 · 2 · 3
Minutengeschichten

von klugen Eulen, Schlossgespenstern
und müden Zwergen

Mit Bildern von Silvio Neuendorf,
Rolf Bunse, Katrin Engelking, Gabie Hilgert,
Karoline Kehr und Detlef Kersten

Ravensburger Buchverlag

Bibliografische Information der Deutschen Nationalbibliothek

Die Deutsche Nationalbibliothek verzeichnet diese Publikation in der
Deutschen Nationalbibliografie. Detaillierte bibliografische Daten
sind im Internet über **http://dnb.d-nb.de** abrufbar.

Einige der Geschichten sind erstmals erschienen in
„111 Minutengeschichten" (1991),
„44 Zweiminutengeschichten" (1995),
„33 Dreiminutengeschichten" (1996),
„1-2-3 Minutengeschichten zum Kuscheln" (1997)
„1-2-3 Minutengeschichten zum Schmunzeln" (1999)
und „1-2-3 Minutengeschichten zur Weihnachtszeit" (1999)

1 2 3   14 13 12

© 2004 und 2012 Ravensburger Buchverlag Otto Maier GmbH
Umschlagbild: Betina Gotzen-Beek
Printed in Germany
ISBN 978-3-473-36841-9

www.ravensburger.de

Inhalt

Aber wenn

Mama sitzt im Sessel und liest Zeitung. Leonie kommt angeschlichen und bleibt vor Mama stehen.

„Ist was?", fragt Mama, ohne hinter der Zeitung hervorzuschauen.

„Was liest du?"

„Siehst du das nicht?", fragt Mama zurück.

„Warum liest du die Zeitung?"

„Weil ich wissen möchte, was gestern und vorgestern alles passiert ist", antwortet Mama.

„Warum?", fragt Leonie wieder. „Das ist doch schon vorbei."

„Natürlich ist es vorbei, aber es interessiert mich trotzdem."

„Versteh ich nicht", murmelt Leonie. „Du kannst doch sowieso nichts mehr daran ändern."

„Will ich auch gar nicht", sagt Mama nur.

Leonie steht eine Weile vor ihr. Plötzlich fragt sie: „Was wäre, wenn heute noch mal gestern oder vorgestern wäre?"

Jetzt lässt Mama die Zeitung sinken. „Also du stellst Fragen", sagt sie und schüttelt den Kopf.

„Nun sag schon!"

„Das ist unmöglich. Gestern und vorgestern sind vorbei."

„Aber wenn es möglich wäre!" Leonie lässt nicht locker.

„Wenn es möglich wäre", wiederholt Mama, „dann … dann … ja, was wäre denn dann?" Mama legt die Zeitung weg und nimmt Leonie auf den Schoß. „Lass uns mal zusammen überlegen."

Miau, mio

Johannas Kätzchen Minka streifte durch den Garten, versuchte eine Biene zu fangen, schnupperte da und dort, legte sich ins Erdbeerbeet und ließ sich von der Herbstsonne wärmen. Nach einer Weile wurde sie von einer Amsel geweckt, die auf dem Apfelbaum saß und zwitscherte. Minka spitzte sofort die Ohren. Sie war zwar erst ein halbes Jahr alt, jagte aber schon für ihr Leben gern.

Auf leisen Pfoten schlich sie zum Apfelbaum und kletterte am Stamm hinauf. Die Amsel bemerkte Minka nicht und zwitscherte fröhlich weiter. Minka setzte zum Sprung an, aber der Sprung wurde zu kurz. Die Amsel flatterte erschrocken auf und flog davon. Minka hatte Mühe, sich auf dem schwankenden Ast zu halten. Sie miaute und traute sich nicht mehr hinunter.
Johanna spielte im Sandkasten und hörte das Jammern ihres Kätzchens. Sie lief zum Baum und sah Minka ängstlich auf einem Ast sitzen.
„Papa! Papa!", rief sie. „Minka sitzt im Apfelbaum!"
Papa lag im Liegestuhl und döste. „Sie wird schon wieder herunterkommen", murmelte er.

„Sie traut sich aber nicht."

Papa wollte seine Ruhe haben und grummelte: „Ach was, hinauf ist sie ja auch gekommen."

Aber Johanna ließ nicht locker, bis Papa aufstand und mit ihr zum Apfelbaum ging.

„Na los, komm runter!", sagte er zu Minka. „Du bist doch eine Katze."

„Miau, miau", kam als Antwort.

„Du musst Minka helfen", bat Johanna ihren Papa.

„Soll ich vielleicht auf den Baum klettern, nur weil sich deine Katze nicht mehr heruntertraut?", fragte er etwas unwirsch.

„Bitte, bitte, Papilein!"

Er brummte etwas vor sich hin, ging dann aber doch zum Schuppen und holte eine Leiter. Die lehnte er gegen den Baumstamm und stieg hoch. Aber Minka konnte er von der Leiter aus nicht erreichen, also musste er doch noch auf den Baum klettern.

„Hast du sie?", fragte Johanna.

„Gleich", antwortete Papa und fügte hinzu: „Wenn sie sitzen bleibt, wo sie jetzt sitzt."

Minka rührte sich nicht von der Stelle, bis Papa sie im Genick packte. „Keine Angst", sagte er leise, „jetzt kann dir nichts mehr passieren."

Papa stieg wieder hinunter, was mit Minka in der Hand gar nicht so einfach war. Johanna beobachtete den Abstieg gespannt.

Plötzlich rutschte Papa ab und konnte sich nicht mehr halten. Er ließ Minka los und plumpste etwas unsanft auf den Po. Minka landete sicher auf allen vieren, schüttelte sich und stolzierte davon, als wäre nichts gewesen.

„Minkalein!", rief Johanna, nahm ihr Kätzchen auf den Arm und streichelte es liebevoll.

Papa aber saß im Gras und stöhnte, weil sein Po wehtat. Doch das interessierte weder Johanna noch Minka.

Eine zerrissene Hose

Omas Kaffeetisch ist der gemütlichste Platz auf der ganzen
Welt. Das meint jedenfalls Mama. Oma richtet alles schön
her, sorgt für alles und bemuttert alle. Für so eine Kaffee-
runde ist ihr nichts zu viel. Sie backt jedes Mal zwei
Kuchen, von denen einer besser schmeckt als der andere.
Richtige Oma-Kuchen. Und es duftet so schön nach Kaffee –
und nach Geschichten von früher. Hier haben Lea und
Nico schon viel über Papa erfahren, als der noch ein Lause-
junge war.
„Ich will noch ein Stück", mampft Nico mit vollen Backen
und zeigt auf den Apfelkuchen.
„Langsam, langsam", sagt Mama. „Iss erst mal, was du im
Mund hast."
Nico kaut und kaut. Dann fragt er Mama: „Warum ziehst
du denn schon wieder dein Gehirn hoch?"
Da müssen alle lachen. Papa verschluckt sich und hustet
und hustet. Lea schlägt ihm kräftig auf den Rücken.
„Ist gut, ist gut", sagt Papa mit Tränen in den Augen.
„Guck mal, Papa weint!", ruft Nico.
„Huhu", schluchzt Papa und tut so, als heule er tatsächlich.
Er wischt sich die Tränen ab und schnieft.
„So hat euer Papa früher öfter geweint", sagt Oma.
„Ich hatte eben ein weiches Herz", sagt Papa grinsend.
Oma gibt ihm einen leichten Schubs gegen den Arm.
„Nicht nur deswegen, du Schlingel. Einmal", beginnt sie
zu erzählen, „ist er mit seinen Freunden beim Bauer Schult-
heiß über den Zaun geklettert. Sie wollten Äpfel klauen.

Doch der alte Schultheiß hat auf seinen Garten aufgepasst wie ein Luchs. Und jeden, den er beim Klauen erwischt hat, hat er mit seinem Stock ordentlich durchgeprügelt."

„Mich hat er nicht erwischt", sagt Papa und schiebt sich ein großes Stück Apfelkuchen mit Sahne in den Mund.

„Aber beinahe", erzählt Oma weiter. „Euer Papa erreichte gerade noch den rettenden Zaun, blieb jedoch mit dem Hosenboden am Stacheldraht hängen. Ihr könnt es euch vorstellen – ein Stück seiner Hose samt Unterhose blieb oben am Stacheldraht."

„Dann … dann hat man ja seinen Popo gesehen", sagt Lea und kichert.

Nico prustet los. „Popo! Popo! Papa-Popo!"

„So haben meine Freunde mich damals auch ausgelacht", sagt Papa. „Und ich habe mich geschämt wie ein Bock, und Angst vor eurer Oma hatte ich auch. Ich bin weggelaufen und habe mich hinter einem Schuppen versteckt. Am liebsten wäre ich nie mehr hervorgekommen."

„Aber schließlich musste er doch nach Hause", sagt Oma. „Mit einem verheulten Gesicht und einem eigenartigen Gang kam er auf mich zu. Ich dachte zuerst, er hätte in die Hose gemacht."

Lea und Nico kichern wieder.

„Hatte ich aber nicht", sagt Papa. „Ätsch!"

„Schade, das wäre lustig gewesen", meint Lea.

„Na, ich weiß nicht", sagt Oma. „Jedenfalls konnte ich ihn kaum trösten. Die Tränen liefen ihm nur so runter."

„Trösten?", fragt Papa erstaunt. „Wenn ich mich recht erinnere, hast du mich ganz schön ausgeschimpft."

„Hätte ich dich vielleicht loben sollen, weil du mit geklauten Äpfeln in den Taschen und einer zerrissenen Hose nach Hause gekommen bist?"

Papa grinst. „Was sind schon ein paar geklaute Äpfel und eine zerrissene Hose, wenn das eigene Kind soooo traurig ist wie ich damals? Du wolltest mich zur Strafe sogar ohne Abendbrot ins Bett schicken, das weiß ich noch ganz genau."

Oma will etwas sagen, aber Opa kommt ihr zuvor: „Weißt du auch noch, was ich damals gesagt habe?"

„Dass alles halb so schlimm ist – oder so was Ähnliches."

„Ein richtiger Junge darf auch mal eine Hose zerreißen, habe ich gesagt. Das gehört halt dazu."

„Siehst du", sagt Nico zu Mama, „wenn das so ist, darfst du mich auch nicht mehr ausschimpfen."

„Soso." Mama schmunzelt.

„Und ich?", fragt Lea. „Darf ich keine Hose zerreißen? Dürfen das nur Jungs?"

„Aber nein, meine Süße", sagt Opa und knuddelt Lea. „Alles, was für Jungen gilt, gilt für Mädchen natürlich auch."

Vom Nasebohren

Angelina, ein achtjähriges Mädchen aus
dem vierten Stock, erzählte mir folgende
Geschichte:
„Bei uns im Hochhaus wohnte mal ein
Junge namens Benjamin. Der steckte
immer einen Finger in die Nase, wenn er
nachdachte. Und weil er viel nachdenken musste,
waren seine Nasenlöcher schon sehr groß. Doch das störte
ihn nicht. Im Gegenteil, je tiefer er mit seinem Finger
bohren konnte, desto mehr fiel ihm ein.
Seine Eltern allerdings konnten das Nasebohren nicht
ausstehen. Sie verboten es ihm, sie drohten ihm mit
schlimmen Krankheiten, sie bestraften ihn, und zuletzt
gingen sie mit Benjamin sogar zum Arzt.
Der Arzt hörte sich alles an und besah sich Benjamins
Nasenlöcher. Dann setzte er sich hinter seinen Schreibtisch.
,Das ist ein schwieriger Fall', sagte er und wackelte nachdenklich mit dem Kopf. Dabei wanderte sein Zeigefinger
langsam in die Nase. ,Wirklich sehr, sehr schwierig.'
,Aber Herr Doktor!', rief Benjamins Mutter entsetzt.
,Tut mir leid', sagte der Arzt und schnipste einen Popel
durchs Zimmer. ,Gegen diese Krankheit ist nichts zu
machen.'"

Simone hilft Mama

Heute ist schulfreier Samstag. Simone schläft bis acht Uhr.
Nach dem Aufwachen liest sie in ihrem neuen Buch. Im
warmen Bett liegen und lesen, findet Simone wunderschön.
Am liebsten würde sie überhaupt nicht mehr aufstehen.
Aber irgendwann treibt sie der Hunger aus dem Bett.
Als sie gefrühstückt hat und fertig angezogen ist, sagt
Mama: „Du könntest mir ein bisschen helfen."
Obwohl Simone gesunde Ohren hat, hört sie solche Sätze
nie. Sie geht zur Tür und will aus dem Zimmer.
„Hast du nicht gehört?", fragt Mama.
„Was?"
„Ich habe gesagt, du könntest mir ein bisschen helfen."
Jetzt kann Simone nicht mehr weghören. Jetzt muss
sie sich schnell etwas einfallen lassen. „Ich … äh … ich
muss … noch Schulaufgaben machen", sagt sie.
„Am Samstag?" Mama wundert sich. „Das ist doch nur
wieder eine Ausrede, weil du dich drücken willst."

„Gar nicht wahr!", wehrt sich Simone. „Wir schreiben nächste Woche einen Rechentest und für den muss ich noch üben."

Das mit dem Rechentest stimmt. Nur üben muss Simone deswegen nicht extra und schon gar nicht am schulfreien Samstag, denn sie ist sehr gut im Rechnen. Aber lieber rechnen als der Mama helfen, denkt sie.

„Lieber rechnen als mir ein bisschen helfen." Mama scheint mal wieder Gedanken lesen zu können. „Das ist nicht nett von dir. Ich würde auch lieber etwas Schöneres tun als staubsaugen, putzen, einkaufen, kochen und all den Kram."

„Was denn?", fragt Simone.

Da braucht Mama nicht lange zu überlegen. „Durch die Stadt bummeln und in einem netten Lokal zu Mittag essen, ins Hallenbad gehen, mit meiner Freundin eine Stunde Tennis spielen, die Beine hochlegen und ein gutes Buch lesen oder etwas Schönes basteln."

„Wenn du solche Sachen tust, helfe ich dir gern ein bisschen", sagt Simone. „Womit sollen wir anfangen?"

Mama steht einen Augenblick lang verdutzt da. Dann sagt sie: „Du hast Recht. Wir fangen heute mal ganz anders an. Warum soll ich jeden Samstag staubsaugen, putzen, einkaufen, kochen und all den Kram? Wir fahren in die Stadt und machen uns einen schönen Tag."

Simone grinst. „Und ich helfe dir dabei."

Der Riesenzwerg

Es war einmal ein Riese, der lebte in einer riesigen Höhle.
Wenn er aus seiner Höhle kam, verschwanden alle Tiere
und Zwerge sofort im Wald.
Eines schönen Tages aber, als der Riese wieder einmal
ins Freie trat, stand ein kleiner Zwerg auf einem großen
Berg und streckte ihm die Zunge raus. Da wurde der
Riese zornig und wollte den Zwerg packen. Doch genau in
diesem Augenblick kam eine kleine Wolke angeflogen
und senkte sich über den Zwerg, sodass der Riese ihn
nicht mehr sehen konnte und ins Leere griff. Das machte

ihn so wütend, dass er sogleich das ganze Zwergendorf
zerstören wollte. Er stampfte los, stolperte über einen
Baum und stürzte mit einem gewaltigen Donner zu Boden.
Als der Riese wieder aufstehen wollte, sah er die Zwerge
auf einmal so hoch über sich, dass er sich zum ersten
Mal in seinem Leben klein vorkam. Da kroch er auf allen
vieren davon und ließ sich bei diesen Riesenzwergen nie
wieder blicken. Solche Angst hatte er!
Dabei war er nur auf den Kopf gefallen.

Gut gemacht

Der kleine Wuschel liegt unter einem Baum im Schatten
und träumt von einer großen Wurst. Er schnuppert im
Schlaf. Da ist doch was! Aber es riecht nicht nach Wurst,
es riecht nach … nach Hund, nach Papa Hund. Wuschel
kneift die Augen fest zu. Er will lieber weiter von der
großen Wurst träumen. Doch Papa Hund stupst ihn an und
knurrt: „Wach auf, du Schlafmütze! Dort drüben schleicht
eine Katze herum. Los, fang sie!"
Wuschel blinzelt und sieht die Katze zuerst noch ein wenig
verschwommen. Dann erkennt er Schnurri, seine Freundin.
„Na los, beweg dich endlich, sonst ist sie weg!", drängelt
Papa Hund.
„Ich bin müde", murrt Wuschel.
„Ein richtiger Hund ist nicht müde, wenn eine Katze in der
Nähe ist", behauptet Papa Hund.
Wuschel weiß, dass sein Papa keine Ruhe geben wird.
Deshalb steht er auf und schleicht sich an. Als er nah genug
dran ist, dass Schnurri ihn hören kann, flüstert er: „Hallo,
Schnurri! Ich muss dich mal wieder jagen, damit mein Papa
zufrieden ist. Also los!"

„Kein Problem", sagt Schnurri und rast durch den Garten.
Wuschel rennt bellend hinter ihr her. Schnurri klettert
auf einen Baum und miaut, als ob sie große Angst hätte.
„Gut gemacht, mein Sohn", lobt Papa Hund seinen
Wuschel. „Vielleicht wird aus dir doch noch ein richtiger
Hund."
Als er weg ist, klettert Schnurri wieder herunter. Sie läuft
hinter den Schuppen, wo sie sich wie jeden Tag mit
Wuschel zum Spielen trifft.

Pfui, wie eklig!

In einem kleinen Teich lebten ein Frosch und eine Fröschin. Sie tummelten sich im Wasser, saßen auf Seerosenblättern, fanden Gefallen aneinander und wollten heiraten.

Am Tag vor der Hochzeit kamen zwei Mädchen vorbei, zogen Schuhe und Strümpfe aus und hängten die Füße ins Wasser. Dabei entdeckten sie den Frosch und die Fröschin.

„Iiiii!", rief ein Mädchen und zog schnell die Füße aus dem Wasser. „Pfui, sind die Frösche eklig!"

„Sieh nur die großen Glupschaugen", sagte das andere Mädchen.

„Und die hässliche grüne Haut", sagte das erste.

Sie schüttelten sich angewidert und liefen mit Strümpfen und Schuhen in den Händen davon.

Der Frosch und die Fröschin hatten alles gehört und sahen sich lange an.

Sie hat wirklich große Glupschaugen, dachte der Frosch. Sehr große sogar.

Er hat wirklich eine hässliche grüne Haut, dachte die Fröschin. Und noch dazu diesen gelblichen Bauch.

Und ihr Maul ist viel zu groß, dachte der Frosch. Komisch, dass mir das erst jetzt auffällt.

Und wenn er seine lange Zunge heraushängt, wird mir beinahe schlecht, dachte die Fröschin.

„Pfui, wie eklig!", riefen beide.

Der Frosch sprang nach links vom Seerosenblatt, die Fröschin nach rechts. Beide schwammen davon, so schnell sie konnten, und wollten voneinander nichts mehr wissen.

Viel dümmer

Ein Schäfer zog mit seiner Herde seit Wochen über die Wiesen der Schwäbischen Alb. Dabei hörten die Schafe öfter, wie große und kleine Menschen miteinander stritten und sich beschimpften. Fast immer fielen dann die Ausdrücke „dummes Schaf" und „blöder Hammel". Den meisten Schafen war das egal, sie dachten sich nichts dabei. Nicht so das Schaf Hermine und der Hammel Bruno. Sie ärgerten sich über die Menschen.

„Wie kommen die eigentlich dazu, einander dummes Schaf oder blöder Hammel zu nennen?", fragte Hermine ärgerlich. „Sollen sie doch dumme Frau oder blöder Mann zueinander sagen."

„Die denken wahrscheinlich, wir seien alle viel dümmer als sie", meinte Bruno.

„Das ist eine Unverschämtheit!", schimpfte Hermine. „Die haben doch keine Ahnung. Denen werden wir's zeigen!"

„Soll ich mal ein paar von ihnen auf die Hörner nehmen?", fragte Bruno angriffslustig.

„Quatsch!", antwortete Hermine. „Das wäre doch dumm." Sie erzählte Bruno, was sie tun wollte. Er sah sie nachdenklich an. „Meinst du, das schaffen wir?"

„Klar, wir sind doch nicht blöd!"

„Stimmt", sagte Bruno.

Ein paar Tage später hörten sie wieder, wie ein Mann eine Frau dummes Schaf nannte.

„He, du!", rief Hermine.

Der Mann drehte sich um.

„Ja, du, dich meine ich", sagte Hermine.

„Mich … ja … aber … wieso … kannst … du?", stammelte der Mann.

„Hör auf so herumzustottern", sagte Hermine. „Hör mir lieber gut zu."

„Du … du … du bist doch ein Schaf …"

„Genau", unterbrach Hermine ihn. „Ich bin ein Schaf und heiße Hermine. Wie heißt du?"

„Robert."

„Also, Robert, wenn du noch einmal sagst, dass Schafe

dumm sind und Hammel blöd, rennt dich mein Freund
über den Haufen. Hast du mich verstanden?"

„Ich ... ja ... nein ..."

„Was denn nun?", fragte Bruno und scharrte schon mit den
Füßen.

„Ja", sagte der Mann, drehte sich um und rannte davon,
als sei er dem Teufel persönlich begegnet.

Hermine und Bruno schauten ihm hinterher.

„Ich glaube, der braucht noch eine Weile, bis er das
begriffen hat", meinte Hermine.

Schön

Benni ist mit seinen Eltern am Strand. Alle drei spielen
miteinander. Zuerst werfen sie sich abwechselnd Bennis
Ball zu. Dann bauen sie eine Sandburg.
„Jetzt möchte ich mich gern ein wenig hinlegen und
mir die Sonne auf den Bauch scheinen lassen", sagt Papa,
als sie fertig sind.
„Das ist doch langweilig", meint Benni.
„Mir nicht."
„Und sowieso bekommst du dann einen Sonnenbrand",
versucht es Benni noch mal.
„Keine Angst, ich creme mich gut ein", sagt Papa und legt
sich in den Liegestuhl.
„Papa will sich immer nur ausruhen", grummelt Benni.
Er holt die Federballschläger, gibt seiner Mutter einen und
stellt sich auf. Sie ist nicht begeistert, das sieht Benni ihr
an.
„Pass auf!", ruft Benni, wirft den Federball in die Luft –
und schlägt daneben. So geht das ein paarmal, und
als Benni endlich trifft, fliegt der Federball weit an Mama
vorbei. Sie holt ihn und schießt ihn zurück, doch Benni
trifft nicht. Es dauert nicht lange, bis Mama und er die Lust
verlieren.
Mama pustet, als wäre sie tausend Meter gelaufen. „Ich
muss mich jetzt ausruhen", sagt sie.
Benni quengelt.
„Du kannst ja wohl mal allein etwas machen", murmelt
Papa.

26

Doch dazu hat Benni keine Lust. Er schaut sich um und sieht zwei Kinder Ball spielen. „Ich frag die beiden, ob ich mitspielen darf."

„Die verstehen dich nicht", sagt Mama, „die sprechen Kroatisch."

Benni geht trotzdem zu den Kindern und wenig später spielen sie zu dritt.

Es dauert ziemlich lange, bis er zurückkommt.

„Na, wie war's?", fragt Mama.

„Schön", antwortet Benni.

„Habt ihr euch denn verstanden?"

Benni nickt. „Die sprechen krotisch oder so, aber spielen und lachen tun sie deutsch."

Das neunte Weltwunder

Kirsten und Charlotte wohnen mit Mama im vierten Stock eines Hochhauses. Und wie die meisten Kinder laufen auch sie manchmal mit schmutzigen Schuhen in die Wohnung. Darüber regt sich Mama eigentlich gar nicht mehr groß auf. Doch seit gestern liegt auf einmal Gras im Flur und im Kinderzimmer. Da wird es Mama doch zu bunt. „Ihr müsst eure Schuhe wirklich besser abstreifen, sonst kann ich hier jeden Tag saugen", klagt sie.

Das tun Kirsten und Charlotte zwar auch in den nächsten Tagen nicht. Trotzdem liegt ab sofort kein Gras mehr in der Wohnung.

„Wir müssen besser aufpassen, sonst merkt Mama noch etwas, bevor sie Geburtstag hat", sagt Kirsten.

Mama merkt nichts, aber sie wundert sich über einiges. Als sie am Abend vor ihrem Geburtstag einen Möhrenkuchen backen will, ist keine einzige Möhre mehr im Kühlschrank.

„Wisst ihr, wo die hingekommen sind?", fragt sie die Mädchen.

„Die … die … die haben wir gegessen", antwortet Charlotte.

„Ihr? Gegessen?" Mama kann es kaum glauben. „Ihr mögt doch gar keine Möhren."

„Doch", erwidert Kirsten. „Möhren schmecken prima."

„Soso." Mama schüttelt den Kopf. „Hm, jetzt kann ich wohl doch keinen Möhrenkuchen backen."

„Och, das ist nicht schlimm", meint Charlotte. „Den mag ich sowieso …"

Kirsten gibt ihr einen Stoß.

„Na ja, Hauptsache, ihr esst jetzt Möhren", murmelt Mama.
„Die sind nämlich sehr gesund." Sie steht am Kühlschrank
und überlegt, was für einen Geburtstagskuchen sie nun
backen soll.
Kirsten und Charlotte verschwinden, ohne etwas zu sagen,
im Kinderzimmer. Auch darüber wundert sich Mama.
Denn normalerweise gibt es jeden Abend eine lange
Diskussion, weil die beiden unbedingt fernsehen wollen.
Als Mama aus dem Kinderzimmer dann auch noch
eigenartige Geräusche hört, wird sie neugierig und will
nachschauen. Aber an der Tür hängt ein Zettel:

Eintritt streng verboten!

„Was macht ihr denn da drin?"

„Wir basteln!", antwortet Charlotte.

„Das gibt eine Überraschung für dich", fügt Kirsten noch hinzu.

Da ist das Geräusch wieder. Wenn sie nicht morgen Geburtstag hätte, würde Mama jetzt bestimmt die Tür öffnen. So aber fragt sie nur: „Was quiekt denn da so komisch?"

„Das war ich", sagt Kirsten. Sie öffnet die Tür ein kleines Stück und quiekt Mama an wie ein Ferkel.

Mama macht den Hals lang, um etwas zu sehen.

„Du darfst nicht gucken!", sagt Kirsten und drückt die Tür wieder zu.

„Macht aber bitte keinen Unsinn!", sagt Mama.

„Nein, nein!", rufen die beiden.

Mama geht ins Wohnzimmer. „Das muss ja etwas ganz Besonderes werden, wenn sie so geheimnisvoll tun", murmelt sie.

Sie ist richtig neugierig geworden. Doch obwohl sie hin und her überlegt, hat sie keine Ahnung, was Kirsten und Charlotte ihr zum Geburtstag schenken könnten. Also muss sie wohl oder übel bis morgen warten.

In der Früh ist Mama ganz hibbelig. Sie kann es kaum erwarten, bis sie endlich ihr Geschenk auspacken darf.

Doch zuerst singen Kirsten und Charlotte noch „Happy Birthday".

Dann gratulieren sie mit schmatzenden Küssen. Und dann führen sie Mama ins Wohnzimmer. Dort steht ein ziemlich großes Paket auf dem Geburtstagstisch.

„Jetzt bin ich aber gespannt", sagt Mama und reißt das
Papier auf.

Da quiekt etwas.

Mama guckt Kirsten erstaunt an. „Das warst aber nicht du."
Kirsten schüttelt den Kopf.

„Sagt bloß …" Mama redet nicht weiter. Hastig reißt sie
das Papier weg und öffnet das Paket.

„Ich fass es nicht!", ruft sie und fällt fast in Ohnmacht.

„Freust du dich?", fragt Charlotte.

Mama kann erst mal gar nichts sagen.

„Ist es nicht süß?", sagt Kirsten.

„Ein Meerschweinchen", murmelt Mama noch ganz
benommen von der Überraschung.

Kirsten nimmt das Meerschweinchen aus dem Karton und
setzt es Mama vorsichtig auf die rechte Hand. „Fühl mal,
wie weich es ist."

Mama streicht mit der anderen Hand sacht über das Fell.

„Aber … ich … ich wollte doch …"

„… ein Meerschweinchen", unterbricht Kirsten ihre Mama.
„Deswegen haben wir dir ja eines geschenkt."

„Du darfst dir auch überlegen, wie es heißen soll", sagt
Charlotte. „Und wenn du mal nicht mit ihm spielen willst,
spielen wir einfach mit ihm."

„Dann bin ich ja beruhigt", murmelt Mama. Sie guckt das
Meerschweinchen an, als wäre es das neunte Weltwunder.

Blub-blub-blub

Vor langer, langer Zeit redeten die Fische im Wasser genauso wie die Menschen auf dem Land. Die Fische grüßten einander, und wenn sie sich gut kannten, erzählten sie sich, wo sie herkamen und wo sie hinschwimmen wollten. Wenn sie sich noch besser kannten, berichteten sie manchmal auch von Schwierigkeiten in der Familie und mit großen Fischen. Das ging so, bis eine Forelle bei einem Karpfen darüber klagte, dass ihr Mann sie und die Kinder wegen so einer dummen Flunder verlassen habe. Der Karpfen tat so, als hätte er Mitleid mit der Forelle und ihren Kindern. Aber hinter ihren Flossen erzählte er überall davon und machte sich auch noch über die Forelle lustig.

„Die Forelle ist so dumm, dass ich mich wundere, wie ihr Mann es so lange bei ihr ausgehalten hat. Außerdem ist ihre Schwanzflosse so krumm, dass sie nicht einmal geradeaus schwimmen kann."

Die anderen Fische lachten über die Forelle.

„Es wird wohl das Beste sein, wenn ich die Forelle mitsamt ihren Kindern fresse", sagte der Schwertfisch. „Dann hat sie keine Sorgen mehr."

Der Rotbarsch erschrak. Es ist wohl besser, ich beklage mich nicht, dass der Hecht mir immer die besten Happen wegfrisst, dachte er. Vielleicht reden sie sonst auch schlecht über mich und petzen beim Hecht. Dann schnappt der mir nicht nur die besten Happen weg, sondern frisst mich selber. Also zog der Rotbarsch sich lieber zurück und schwieg.

So wie der Rotbarsch machten es auch die Scholle, der
Hering und noch viele andere kleine Fische. Sie schwammen ihres Weges und sprachen nur noch mit den Fischen
aus ihren Familien. Aber auch das nur sehr leise und
ganz selten. Wenn andere Fische mit ihnen reden wollten,
blieben sie stumm.

Die großen Fische hatten sowieso nie viel geredet. Sie
hatten immer getan, was sie wollten, ohne etwas zu sagen
oder gar lange zu fragen.

So kam es, dass im Wasser immer weniger und schließlich
überhaupt nicht mehr geredet wurde.

Wenn du mal Fische beobachtest, wirst du sehen, dass sie
dir etwas sagen wollen. Aber weil sie das Reden verlernt
haben, kommt nur noch Blub-blub-blub aus ihrem Maul.

Li-Li-Li

Lisbeth und Rava waren Freundinnen, seit Rava vor einem halben Jahr aus Polen nach Deutschland gekommen war. Und wie die meisten Kinder freuten sich die beiden Mädchen, dass sie bald in die Schule durften. Je näher der Schulanfang rückte, desto aufgeregter wurden sie.
Als sie dann endlich zum ersten Mal in ihrem Klassenzimmer saßen, waren sie gespannt, was sie lernen durften. Doch zuerst wollte die Lehrerin etwas lernen: die Namen der Kinder. Und sie wollte auch wissen, wo die Kinder wohnen und welche Hobbys sie haben. Lisbeth war furchtbar aufgeregt. Ihr Herz klopfte bis zum Hals, ihr Kopf glühte, ihre Hände schwitzten.
„Und wie heißt du?", fragte die Lehrerin freundlich, weil Lisbeth nichts sagte, als sie an der Reihe war.
Lisbeth wusste, was passieren würde, und schwieg.
Die Lehrerin kam ein paar Schritte näher. „Na, möchtest du mir nicht sagen, wie du heißt und was du gern machst?"
„Li-Li-Li", stotterte Lisbeth. Weiter kam sie nicht.
Die Kinder, die Lisbeth nicht vom Kindergarten kannten, fingen an zu tuscheln und zu lachen.
„Li-Li-Li", machte einer Lisbeth nach. „Dann bist du ja eine Chinesin!"
„Was fällt dir ein, dich über sie lustig zu machen", sagte die Lehrerin.
Der Junge wurde ein bisschen kleiner auf seinem Stuhl.
Die Lehrerin beugte sich zu Lisbeth hinunter. „Sag's mir leise ins Ohr."

Lisbeth war überrascht. Sie nahm all ihren Mut zusammen und versuchte es. Zuerst brachte sie wieder nicht mehr als Li-Li-Li heraus. Aber beim dritten Versuch schaffte sie den ganzen Namen.

„Lisbeth ist ein schöner Name", sagte die Lehrerin.

Lisbeth lächelte.

In der großen Pause riefen ein paar Kinder: „Li-Li-Li, du lernst es nie!"

Lisbeth streckte ihnen nur die Zunge raus. Dafür redete ihre Freundin Rava. „Ihr ganz blöd und gemein! Lisbeth kann gut sprechen. Nur wenn sie ist aufgeregt, stottert ein bisschen. Im Kindergarten sie hat nicht gestottert. Wenn ihr seid nett zu ihr, sie muss auch nicht mehr stottern."

„Sie ein bisschen dumm", äffte ein Junge Rava nach. „Deswegen sie stottert."

„Lisbeth nicht dumm!", rief Rava. „Aber du bist viel dumm!"

„Und du kannst nicht mal richtig Deutsch", sagte der Junge.

„Besser als du kannst Polnisch", gab Rava zurück.

„Polnisch will ich gar nicht können!"

„La-la-lass sie in Ruhe, du blö-blö-blöder Kerl!", rief Lisbeth. Und diesmal machte es ihr gar nichts aus, dass sie stotterte.

Big Mäc

Vor gar nicht langer Zeit lebte ein König in einem gar nicht fernen Land. Der König kleidete sich stets, wie es sich für einen König gehörte, er speiste stets, wie es sich für einen König gehörte, und er benahm sich stets, wie es sich für einen König gehörte.

Bis er beim Festessen am zweiten Weihnachtsfeiertag seinen Teller wegschob und durch den Speisesaal rief: „Ich will einen Big Mäc und eine große Cola dazu!"

Ein Diener kam, verbeugte sich tief und sagte: „Eure Majestät, im ganzen Schloss gibt es keinen Big Mäc und keine Cola."

„Dann geh ich in die Stadt, esse dort einen Big Mäc und trinke Cola dazu. Ich habe genug von dem ewigen Zehn-Gänge-Essen und den edlen Weinen." Er stand auf und marschierte los.

Sein erster Minister lief hinter ihm her: „Eure Majestät können doch nicht einfach in die Stadt gehen und in einem billigen Restaurant essen. Das würde dem guten Ruf Eurer Majestät sehr schaden."

„Außerdem wäre das viel zu gefährlich", gab der zweite Minister zu bedenken. „Es gibt leider Menschen, die Eurer Majestät nicht wohlgesonnen sind. In der Stadt könnte Eurer Majestät leicht etwas zustoßen."

Der König hörte sich alles an und sagte: „Dann werde ich mich eben so verkleiden, dass mich niemand erkennt."

Der dritte Minister machte noch einen letzten Versuch, den König von seinem Vorhaben abzubringen. „Eure Majestät

sind solche Speisen und Getränke nicht gewohnt und
würden sich deshalb bestimmt den königlichen Magen
verderben."

„Na und, dann kotze ich eben mal", entgegnete ihm der
König barsch.

Den Ministern verschlug es die Sprache, als sie ihren König
so reden hörten. Denn solche Worte waren noch nie über
seine Lippen gekommen.

Weil der König selbst keine alten Kleider hatte, lieh er sich
von einem Diener einen alten Anzug und eine Mütze aus.
Die Hose war etwas kurz, die Jacke ein bisschen eng, die
Mütze zwei Nummern zu groß. Doch das war dem König
egal. Hauptsache, er konnte endlich in die Stadt.

Der erste Minister entschloss sich, seinen König nicht allein
gehen zu lassen, und folgte ihm.

Als sie zum Schlosstor kamen, fragte der Wachsoldat:
„Was ist denn das für einer und wie ist der überhaupt hier
reingekommen?"

„Schweig!", herrschte ihn der Minister an. „Öffne das Tor!"
Der Wachsoldat verbeugte sich und tat, wie ihm befohlen.
Draußen rieb sich der König die Hände. „Nicht einmal der
Wachsoldat hat mich erkannt, dann wird mich in der Stadt
auch niemand erkennen." Und so war es, obwohl viele
Leute dem eigenartigen Paar hinterherschauten.

Der König genoss es, durch die Stadt zu bummeln. Er
fragte ein Mädchen, wo er einen Big Mäc bekommen
könne. Das Mädchen beschrieb ihm den Weg ganz genau.
„Da ist es", sagte der König zu seinem ersten Minister und
zeigte auf das große M.

Drinnen schauten sie sich zuerst einmal um, dann stellten sie sich ans Ende der Warteschlange. Als der König an der Reihe war, bestellte er gleich zwei Big Mäcs und einen großen Becher Cola. Der Minister wollte seinen König nicht verärgern und bestellte auch einen Big Mäc und einen kleinen Becher Cola. Dann suchten sie ein freies Plätzchen und setzten sich.

Der König nahm den ersten Big Mäc seines Lebens in beide Hände und biss so gierig hinein, dass es nach allen Seiten spritzte.

„Igittigittigitt!", rief der Minister. „Das ist ja eklig!"

Der König mampfte mit vollen Backen. „Es schmeckt köstlich. Das müsst Ihr unbedingt probieren!"

Der Minister hielt seinen Big Mäc mit vier Fingern, die andern spreizte er weit ab. Vorsichtig biss er ein kleines Häppchen ab und kaute lange darauf herum.

Während er einen halben Big Mäc hinunterwürgte, verschlang der König sechs ganze und trank drei große Cola dazu. Er leckte sich die Finger ab und rülpste kräftig, was den Minister jedes Mal zusammenzucken und eine Spur bleicher werden ließ.

Auf dem Heimweg klopfte der König seinem ersten Minister auf die Schulter und sagte: „Das machen wir nächste Woche wieder."

Als der Minister das hörte, verdrehte er die Augen und fiel in Ohnmacht.

Auf der Fahrt zum Bodensee

Familie Winterling ist auf dem Weg zum Bodensee.
„Warum heißt der Bodensee Bodensee?“, fragt Niko.
„Ist doch logisch“, antwortet Nikos Schwester Bine.
„Er heißt Bodensee, weil er eben so heißt.“
„Das ist nicht logisch, das ist Quatsch“, sagt Mama.
„Dann sag du doch, warum er so heißt“, sagt Bine.
„Ich weiß es nicht.“
Bine lacht. „Aber dann behaupten, ich rede Quatsch.“
„Die Nordsee heißt Nordsee, weil sie im Norden ist“,
überlegt Niko laut. „Dann heißt der Bodensee Bodensee,
weil er …
„… weil er am Boden ist!“ Bine tippt sich an die Stirn.
„Das hab ich nicht gesagt“, wehrt sich Niko. „Aber mit
dem Boden muss es was zu tun haben.“
„Vielleicht hat er gar keinen Boden“, sagt Papa plötzlich.
„Was??“
„Oder er hat doch einen Boden, und dort liegt ein verbor-
gener Schatz – der Bodenschatz.“
„Papa spinnt“, flüstert Bine Niko ins Ohr.
Mama sieht Papa von der Seite an, als zweifelte sie an
seinem Verstand.
„Oder er hat einen doppelten Boden …“
„… und dazwischen ist der Schatz versteckt“, führt Niko
den Gedanken weiter.
Mama verdreht die Augen. „Jetzt spinnen sie beide.“
„Mach doch mit“, sagt Niko.
„Also gut“, sagt Mama. „Wer am weitesten spinnt.“

Auf der Straße

Das Geld liegt auf der Straße, behaupten die Leute. Entweder gehe ich immer über die falschen Straßen oder die Leute lügen. Jedenfalls habe ich auf der Straße noch nie Geld gefunden. Gut, vielleicht mal einen Cent oder sogar 'nen Euro, aber das meinen die Leute ja nicht, wenn sie sagen: Das Geld liegt auf der Straße. Sie meinen viel Geld, und viel Geld habe ich noch nie gefunden.

Dafür finde ich oft etwas anderes: Geschichten. Die liegen wirklich auf der Straße – oder auch mal daneben.

Erst gestern habe ich wieder eine gefunden. Nicht fertig geschrieben auf einem Blatt Papier oder gar gedruckt in einem Buch. Nein, am Straßenrand lag ein Kinderstiefel, ein roter Kinderstiefel mit blauen Punkten an der Seite. Vorne war er etwas abgestoßen, aber sonst war er in Ordnung.

Wie kommt der Stiefel hierher?, fragte ich mich. Vielleicht hat ihn ein Kind verloren. Aber so einfach verliert man doch keinen Stiefel. Und im Winter schon gar nicht. Das merkt man doch spätestens, wenn der Fuß kalt wird. Vielleicht wollte das Kind den Stiefel ja wieder anziehen und schaffte es nicht.

Aber warum nicht?

So klein konnte das Kind nicht mehr sein, das zeigte mir der Stiefel. Wenn es ihn nicht mehr anziehen konnte, musste es einen Grund dafür geben. Vielleicht wurde es verfolgt, hat beim Wegrennen den Stiefel verloren und hatte keine Zeit ihn wieder anzuziehen.

Aber wer soll ein Kind verfolgen?

Die Polizei, falls das Kind etwas ausgefressen hatte.

Oder ein Erwachsener, der von dem Kind etwas wollte.

Oder andere Kinder, die mit dem Kind Streit hatten.

Oder ein Tier.

Ein Tier? Aber was für eins? Wahrscheinlich ein Hund. Vielleicht hat das Kind den Hund zuvor geärgert, dann ist er durch ein Loch im Zaun geschlüpft und hat das Kind verfolgt. Im letzten Augenblick konnte es sich ins Haus retten. Der Hund bellte und scharrte an der Tür. Das Kind hielt sich die Ohren zu und lief in sein Zimmer. Vorsichtig schaute es zum Fenster hinaus und sah den Hund vor der Haustür lauern. Auch als er irgendwann davonlief, traute sich das Kind nicht aus dem Haus, um den Stiefel zu suchen. Deswegen lag er noch am Straßenrand, als ich vorbeikam.

Natürlich könnte alles auch ganz anders gewesen sein. Vielleicht sind die Stiefel dem Kind zu klein geworden und seine Eltern haben ihm neue gekauft. Auf der Heimfahrt haben sie die alten einfach aus dem fahrenden Auto geworfen, um sie loszuwerden. Dann müsste auch der zweite Stiefel hier irgendwo liegen. Aber weil ich diese Geschichte nicht so gut fand, suchte ich ihn nicht, sondern ging nach Hause, um eine spannende Stiefelgeschichte zu schreiben.

Zerzaust und traurig

Julia trottet an Mamas Hand durch die Fußgängerzone.
„Ich kann nicht mehr gehen", klagt sie und will sich auf
eine Bank setzen.
„Da vorne ist der Laden schon", sagt Mama. „Das kleine
Stück schaffst du noch."
Julia quengelt zwar vor sich hin, aber Mama lässt nicht
locker. „Na, siehst du, jetzt haben wir es geschafft."
Julia sagt nichts. Sie guckt den Mann an, der mit einem
Hut vor den Beinen neben dem Eingang auf dem Boden
sitzt. Eine Frau wirft im Vorbeigehen ein Geldstück in den
Hut.
„Nun komm schon", sagt Mama und zieht Julia in den
Laden, in dem sie eine Jacke kaufen will.
Einkaufen findet Julia furchtbar langweilig. Und weil
Mama sich ewig nicht entscheiden kann, schleicht Julia
heimlich aus dem Laden und beobachtet den Mann.
Er sieht ein wenig zerzaust und traurig aus, sitzt nur da,
tut nichts und sagt nichts. Trotzdem wirft immer wieder
jemand eine Münze in den Hut.
Das bringt Julia auf eine Idee. Sie geht zur anderen Seite
des Eingangs, setzt sich auf den Boden, nimmt ihren
Sonnenhut vom Kopf und stellt ihn vor sich hin. Dann
zerzaust sie ihre Haare und guckt, als ob sie gleich weinen
würde.
Es dauert nicht lange, bis die ersten Geldstücke in ihren
Hut geworfen werden. Und schnell werden es mehr, viel
mehr als bei dem Mann.

43

„Verschwinde! Das hier ist mein Platz!", zischt er und guckt dabei gar nicht mehr traurig, sondern wütend.

Julia erschrickt. Doch bevor sie etwas sagen oder tun kann, kommt Mama aus dem Laden gelaufen. „Julia, du kannst doch nicht einfach rausgehen, ohne etwas zu sagen! Ich habe dich überall gesucht!"

„Schau mal", sagt Julia und hält Mama den Hut entgegen. „Was soll das? Warum ist da Geld drin? Hast du etwa …" Mama zieht Julia hoch und schaut sich verstohlen um. „Sag mal, spinnst du! Du kannst doch nicht einfach betteln! Das darf man nur machen, wenn man es ganz, ganz nötig hat!"

„Aber das Geld ist doch nicht für mich, es ist doch für den armen Mann dort drüben", sagt Julia.

Sie geht zu ihm und kippt das Geld in seinen Hut.

„Danke", sagt er und lächelt ein bisschen.

„Du bist mir vielleicht eine", sagt Mama und lächelt auch.

Nur ein Griff

Diana verteilte Kaugummis. „Wer will noch einen?"
„Woher hast du denn so viele?", fragte Marion.
„Hab ich eben", sagte Diana.
Nach der Schule gingen Diana und Marion ein Stück
zusammen. Da sagte Diana plötzlich: „Wenn du versprichst,
dass du's keinem erzählst, dann sag ich's dir."
„Was?", fragte Marion.
„Woher ich die Kaugummis habe."
Marion blieb stehen. „Ich versprech's."
„Ich hab sie im PRIMA mitgenommen", flüsterte Diana.
Marion riss die Augen auf. „Gestohlen?"
„Es war ganz einfach."
„Glaub ich nicht."
„Dann komm mit", sagte Diana.
Sie liefen zum PRIMA und gingen sofort zu den Süßig-
keiten. Diana nahm ein Päckchen Kaugummi aus dem
Regal, sah sich um und ließ es in ihre Schultasche
verschwinden. „Jetzt du", flüsterte sie.
Marion nahm auch ein Päckchen und schob es schnell in
ihre Jackentasche.
„Ich geh jetzt raus", flüsterte Diana. „Du wartest, bis ich
draußen bin."
Sie ging zur Kasse, sagte etwas zu der Kassiererin – und
schon war sie draußen.
Marion stand da und konnte sich überhaupt nicht mehr
rühren.
„Ist dir nicht gut?", fragte eine Frau.

Marion nickte. Als die Frau ihren Einkaufswagen weiter-
schob, griff Marion in die Tasche, nahm das Päckchen
Kaugummi heraus und legte es zurück. Dann ging sie
hinaus, mit Diana reden.

Ein scharfer Hund

Hasso war ein junger Wachhund. Herr Becker hatte ihn auf einer Hundeausstellung gekauft. Dort hatte man ihm Hasso als besonders scharfen Hund geschildert. Und weil in letzter Zeit im Viertel mehrfach eingebrochen worden war, wollte Herr Becker einen besonders scharfen Wachhund. Der Verkäufer hatte nicht zu viel versprochen. Hasso nahm seine Aufgabe sehr ernst. Tagsüber war er am Eingang des großen Hauses angekettet. Wenn ein Fremder sich näherte, bellte Hasso wie wild und fletschte die Zähne. Bald trauten sich viele Leute nicht mehr in die Nähe des Hauses.
Am Abend schloss Herr Becker das Gartentor ab und ließ Hasso von der Kette. Der Hund lief ein paar Runden durch den Garten, schnüffelte da und hob dort ein Bein. Dann legte er sich vor seine Hütte und bewachte das Haus. Sobald sich irgendwo etwas regte oder bewegte, spitzte Hasso die Ohren und raste hin. Bald regte und bewegte sich kaum noch etwas im Garten.
Sogar die Kinder von Herrn Becker knurrte Hasso manchmal an, sodass auch sie einen Bogen um ihn machten. Hasso war zufrieden. In wenigen Wochen hatte er dafür gesorgt, dass sich nur noch die paar Leute dem Haus näherten, die unbedingt mussten. Sie alle warteten am Gartentor, bis Herr Becker den Hund vom Hauseingang entfernt und an der Hundehütte angekettet hatte. Doch auch dann war den Leuten nicht ganz wohl. Denn Hasso bellte und zerrte an der Kette wie ein Wilder.
So ist es kein Wunder, dass niemand ein liebes Wort zu

Hasso sagte. Gestreichelt und geknuddelt wurde er natürlich auch nicht. Es gab höchstens mal einen Klaps von Herrn Becker. Das war alles. Und das war auch für einen scharfen Wachhund zu wenig.

Eines Abends lag Hasso vor seiner Hütte und sah ziemlich traurig aus. Niemand mochte ihn, niemand streichelte ihn. Das konnte doch nur daran liegen, dass er seine Aufgabe nicht gut genug erfüllte. Also nahm er sich vor, noch schärfer und wilder zu werden.

Es dauerte nicht lange, da hörte Hasso Schritte und schoss sofort in die Höhe. Frau Beckers Freundin stand am Gartentor und läutete. Wenig später kam Frau Becker aus dem Haus und rief: „Du kannst hereinkommen! Hasso ist angekettet."

Ihre Freundin öffnete das Gartentor und ging schnell zum Haus. Dabei schielte sie ängstlich zu Hasso hinüber. Der tobte an seiner Kette wie noch nie.

Und plötzlich riss die Kette!

„Hilfe!", schrie Frau Beckers Freundin, rannte zur Haustür und erreichte sie gerade noch vor Hasso. Frau Becker schlug die Tür vor Hassos Nase zu. Hasso stellte sich auf die Hinterbeine, bellte und kratzte an der Tür.

Herr Becker schimpfte mit Hasso. Und weil die Kette kaputt war, sperrte er den Hund in die Garage. Zuerst bellte Hasso, doch bald winselte er nur noch und legte sich traurig in eine Ecke.

Erst am nächsten Tag wurde das Garagentor geöffnet. Herr Becker rief Hasso zu sich, führte ihn zur Hundehütte und band ihn an die neue Kette. „Mach mir bloß kein solches Theater mehr wie gestern Abend! Sonst kannst du was erleben!"

Hasso winselte wieder und verschwand in seiner Hütte. Dort blieb er den ganzen Tag. Er bellte nicht einmal, als der Postbote kam. Auch an den nächsten Tagen war von Hasso nichts mehr zu sehen und nichts zu hören. Wie ein Häufchen Elend lag er in seiner Hütte. Herr Becker machte sich Sorgen um Hasso. Und auch den Kindern tat er langsam leid.

„Was ist denn los mit dir, Hasso?", fragte Herr Becker und strich ihm über den Kopf.

Das tat Hasso gut. Er legte sich auf den Rücken und fiepte. Als die Kinder ihn so sahen, trauten auch sie sich, Hasso zu streicheln. So viele Hände hatten Hasso noch nie gestreichelt. Er fand es wunderschön. Am liebsten wäre er immer und ewig so liegen geblieben und hätte sich streicheln lassen.

Besondere Früchte

Im Herbst pflanzte ein Mann für seinen Sohn einen Baum im Garten. Zuerst grub er ein großes Loch, dann setzte er den jungen Baum hinein. Bevor der Mann wieder Erde in das Loch schüttete, legte er ein glänzendes Pfennigstück unter die Wurzeln. „Das bringt Glück", erklärte er. Der Sohn goss sein Bäumchen jeden Tag, redete mit ihm und streichelte es. Auch im Winter ging er jeden Tag in den Garten und schüttelte den Schnee von seinem Bäumchen, damit es nicht fror. Er konnte es kaum erwarten, bis es endlich Frühling wurde. Im Mai stand das Bäumchen dann in voller Blüte.

„Siehst du", sagte der Mann zu seinem Sohn, „das Pfennigstück hat Glück gebracht."

Der Sohn nickte. Er war schon sehr gespannt auf die ersten Früchte, die sein Bäumchen tragen würde. Jeden Morgen schaute er nach dem Aufstehen aus dem Fenster in den Garten. Und eines Morgens traute er seinen Augen nicht: Statt der erwarteten Früchte hing sein Bäumchen voller glänzender Glückspfennige. Ungelogen!

Nie wieder!

An einem schönen Sommertag machte sich die Feldmaus
auf den Weg, um ihre Tante in der Stadt zu besuchen.
Unterwegs musste sie sich ein paarmal verstecken, weil
ein Mäusebussard über ihr kreiste. Deswegen war sie froh,
als sie endlich vor dem Haus ihrer Tante stand.
„Hallo!", rief die Stadtmaus aus einem Loch heraus.
„Schön, dass du mich mal wieder besuchst. Komm doch
herein!"
Die Feldmaus schlüpfte durch das Loch zu ihrer Tante.
Die beiden umschwänzelten sich erst mal und hatten sich
viel zu erzählen.

Bis der Magen der Feldmaus dazwischenknurrte.

„Ach, entschuldige", piepste die Stadtmaus. „Nach dem langen Weg hast du sicher großen Hunger."

Die Feldmaus nickte.

„Dann komm mit!" Die Stadtmaus lief voraus zum Abfallcontainer. Dort lagen Mandarinenschalen, eine halbe Banane, ein Joghurtbecher und eine Wursthaut auf dem Boden.

„Lecker", sagte die Stadtmaus. „Heute gibt's Bananen."

„Bananen?", fragte die Feldmaus. „Was ist das?"

„Probier mal!", sagte die Stadtmaus.

Die Feldmaus biss ein winziges Stück von der Banane ab – und spuckte es gleich wieder aus.

„Schmeckt dir Banane nicht?"

Die Feldmaus schüttelte den Kopf.

„Dann probier mal die Mandarinenschale."

Als die Feldmaus daran schnupperte, wurde ihr beinahe übel. Auch den Joghurt mochte sie nicht. Am besten roch die Wursthaut, aber essen konnte die Feldmaus sie nicht, weil sie aus Kunststoff war.

Während die Feldmaus noch an der Kunststoffhaut herumnagte, kam ein Auto angefahren.

„Pass auf!", rief die Stadtmaus und flitzte, so schnell sie konnte, zu ihrem Loch.

Die Feldmaus starrte das riesige, brummende Ungeheuer an, dann lief sie davon. Das Ungeheuer folgte ihr und holte sie ein. Die Feldmaus dachte schon, ihr letztes Stündlein habe geschlagen, und drückte sich flach auf den Boden. Das Ungeheuer donnerte über sie hinweg und verschwand.

Es dauerte noch eine Weile, bis die Feldmaus sich wieder rührte. Sie schaute sich ängstlich um und lief, ohne sich von ihrer Tante zu verabschieden, aus der Stadt. Und sie ließ sich dort nie wieder blicken.

Wenn das so ist

Ein junger Mann wollte unbedingt als Einbrecher arbeiten. Er suchte in den Stellenanzeigen der Zeitungen nach einem Arbeitsplatz, aber nirgendwo wurden Einbrecher gebraucht. Der junge Mann war sehr enttäuscht. Er überlegte, was zu tun war.

Da fiel ihm das Arbeitsamt ein, und er machte sich sofort auf den Weg.

„Was wünschen Sie?", fragte ihn die Frau auf dem Arbeitsamt.

„Ich möchte Einbrecher werden."

„Einbrecher?" Die Frau sah den jungen Mann stirnrunzelnd an. Dann blätterte sie in ihrer Kartei. Schließlich sagte sie: „Einbrecher werden zurzeit nicht gesucht."

„Ja, wenn das so ist", sagte der junge Mann. Er ging nach Hause, holte seinen Werkzeugkasten und marschierte gleich los.

Vor einer großen Villa blieb er stehen. „Da fange ich an", sagte er und spuckte in die Hände. Er kletterte über den Zaun und entdeckte ein offenes Fenster. „Das ist ja viel einfacher, als ich dachte", sagte er, stieg ein, machte reiche Beute und wollte gerade wieder verschwinden, als er Schritte hörte. Da versteckte er sich im Schrank.

Es dauerte nicht lange, bis die Polizei den jungen Mann entdeckte. „Los, raus mit dir!"

„Aber ... aber ...", stotterte der junge Mann. „Die Frau hat doch gesagt, Einbrecher werden zurzeit nicht gesucht."

Er verstand die Welt nicht mehr.

Nicht alt

Am Sonntagnachmittag fahren die
Kuglers zu Oma und Opa. Judith und
Simon freuen sich, denn meistens
ist es dort sehr schön. Mama fährt,

Papa sitzt neben ihr und spielt mit den Kindern Ratespiele.
„Passt auf!", sagt Judith. „Es ist nicht groß und nicht klein –
aber ein bisschen größer als klein. Und … und es steht in
einem kleinen … hm … Zimmer. Da gehen alle Menschen
hinein, vielleicht drei- oder sechsmal am Tag."
„Ins Bett!", ruft Simon.
Judith lacht ihn aus. „Gehst du vielleicht sechsmal am Tag
ins Bett?"
„Mach weiter, los!"
Judith überlegt. „Und man muss dahin, auch wenn man gar
nicht will. Und einmal … muss man …"
Judith kann sich das Lachen nicht mehr verkneifen.
„… muss man …"
„… aufs Klo", sagt Papa. „Hab ich Recht?"
Judith nickt.
„Ach, Mensch, du errätst immer alles", mault Simon.
„Das stimmt doch gar nicht", widerspricht Papa. „Die
letzten drei Rätsel hast du geraten. Darf ich denn nie
gewinnen?"
„Nein", brummt Simon. „Und jetzt bin ich dran!"
„Ihr braucht kein neues Rätsel mehr anzufangen", sagt
Mama. „Wir sind gleich da."
Als sie aussteigen, steht Oma schon in der Tür. „Hallo, ihr

57

vier! Schön, dass ihr da seid." Sie drückt Judith und Simon an sich und gibt beiden einen Kuss.

„Wo ist Opa?", fragt Simon.

„Der?" Oma zieht die Augenbrauen hoch und schüttelt den Kopf. „Der ist wieder auf dem Tennisplatz. Das ist ganz schlimm zurzeit. Er würde am liebsten Tag und Nacht Tennis spielen."

„Lass ihn doch, wenn es ihm Spaß macht", sagt Papa.

„Und sei froh, dass du einen so sportlichen Mann hast. Das hält ihn gesund und fit."

„Jaja, aber man kann es auch übertreiben." Oma geht voraus ins Wohnzimmer, wo sich alle erst einmal hinsetzen. Oma, Mama und Papa reden darüber, was es in der Verwandtschaft und im Ort Neues gibt, wer gestorben ist und wo Kinder geboren sind. Das wird Judith und Simon schnell langweilig. Sie gehen hinaus in den Garten.

Simon läuft sofort zu der alten Badewanne, in der Opa und Oma Regenwasser sammeln. Er krempelt die Ärmel hoch und planscht im Wasser. Als Judith dazukommt, patscht er mit beiden Händen hinein, dass es kräftig spritzt.

„Du Ferkel!", ruft Judith. „Na warte!" Sie schlägt mit der Hand flach übers Wasser. Simon erwischt eine volle Ladung und schnappt nach Luft. Dann lacht er und ruft: „Noch mal!"

Judith lässt sich nicht zweimal bitten.

„Das ist wie Duschen", sagt Simon und will Judith auch nass spritzen. Doch die läuft schnell davon.

„Feigling!", ruft Simon und rennt hinter ihr her.

Judith schlägt ein Rad, aber es klappt nicht richtig.

Simon lacht sie aus.

„Hähähä!", äfft Judith ihren Bruder nach. „Mach doch selber!"

Simon stellt sich breitbeinig auf, streckt die Arme hoch und pumpt wie ein Maikäfer.

„Na los, du Angsthase!"

„Ich bin kein Angsthase!"

Er schwingt die Arme nach unten, fliegt durch die Luft und landet mit einem harten Schlag auf dem Rücken. Einen Augenblick lang bleibt er liegen und rührt sich nicht. Dann beißt er die Zähne zusammen und rappelt sich hoch.

„Was war denn das?"

„Ein Rad!"

„Komisches Rad." Judith stellt sich wieder auf. „So geht ein Rad." Und diesmal gelingt es.

„Bravo!", ruft da jemand und klatscht Beifall.

„Opa!" Judith und Simon laufen ihm entgegen. „Hast du so lange Tennis gespielt?"

„Ja", antwortet Opa. „Ich habe gegen Hans Huber in drei Sätzen gewonnen, obwohl der acht Jahre jünger ist als ich." Er schlägt sich stolz auf die Brust.

„Schau mal, Opa", sagt Judith und schlägt wieder ein schönes Rad.

„Sehr gut", lobt Opa sie.

Simon versucht es auch noch mal, fällt jedoch wieder ins Gras.

„Das wird schon noch", sagt Opa. „Aber du fängst besser mit einem Purzelbaum an."

„Den kann ich schon!", ruft Simon und zeigt es gleich.

„Du solltest den Kopf weiter nach vorne drücken", erklärt Opa, „bis das Kinn fast auf der Brust ist."

„Wie?"

„Warte, ich zeig dir's." Opa schaut sich um, dann schlägt er einen Purzelbaum.

„Noch mal!", rufen Judith und Simon begeistert.

„Aber nur noch einen." Opa stellt sich wieder auf, holt Schwung und …

„Ja, bist du denn verrückt!", ruft Oma. „Du kannst doch nicht …"

Opa lässt sich nicht mehr bremsen und macht noch einen tollen Purzelbaum.

„Bravo!", rufen Judith und Simon und klatschen begeistert.

„Je älter, je dümmer", sagt Oma kopfschüttelnd. „Du könntest dir das Kreuz brechen."

„Ich bin doch nicht alt", sagt Opa, geht auf Oma zu, nimmt sie in die Arme und gibt ihr einen schmatzenden Kuss.

Dick ist schick

DICK IST SCHICK, stand in dicken Buchstaben auf vielen Werbeplakaten und in allen Zeitschriften.

DICK IST SCHICK, klang es aus allen Rundfunk- und Fernsehkanälen.

Da wollte auch Frau Sonntag dick sein. Sie aß Brot und Brötchen, verschlang Fleisch und Wurst, mampfte Kuchen und Torte, bis ihr schlecht wurde. Aber sie nahm nur magere fünf Pfund zu. Die sah man ja kaum. Von dick keine Spur. Frau Sonntag war ganz unglücklich.

Da las sie eines Morgens in der Zeitung von aufblasbaren Luftpolstern, die Schlanke schön dick machen. Sofort fuhr Frau Sonntag ins nächste Kaufhaus. Dort ließ sie sich die verschiedenen Modelle zeigen und entschied sich nach langem Überlegen für ein himmelblaues Luftpolster.

Sie hängte es über die Schulter und blies es langsam auf. Zuerst wuchs der Busen, dann der Bauch. Die Hüften wurden breit und breiter, und zuletzt wurde auch der Po schön dick.

Doch Frau Sonntag war noch nicht zufrieden. Sie blies weiter und weiter – bis sie plötzlich vom Boden abhob und schwebte.

Bevor jemand sie zu fassen kriegte, schwebte Frau Sonntag zum Fenster hinaus und flog auf und davon. Sie wurde kleiner und dünner, dünner und kleiner, und bald war von ihr überhaupt nichts mehr zu sehen.

Man weiß natürlich nicht, wie lange so ein Luftpolster hält.

Große Tauschaktion

Marcel kommt in die Schule. Einerseits freut er sich, dass er jetzt endlich kein Kindergartenkind mehr ist, andererseits hat es ihm im Kindergarten immer gut gefallen. Ob es in der Schule auch so schön ist, muss sich erst noch zeigen. Aber die große Schultüte, die er zur Einschulung bekommt, findet er auf jeden Fall super.

Leider haben seine Eltern die Tüte bis obenhin mit nützlichen Dingen gefüllt: Bleistifte, Farbstifte und Filzstifte sind drin. Radiergummi, Anspitzer und Lineal fehlen auch nicht. Sogar ein kleines Buch und ein Lesezeichen findet Marcel, obwohl er noch gar nicht lesen kann. Ganz unten entdeckt er zum Schluss ein Überraschungsei. Marcel hat schon gedacht, seine Eltern hätten gar nichts zum Naschen in die Tüte getan.

Die meisten anderen Kinder finden viel mehr Süßigkeiten und Knabberzeug in ihren Schultüten. So viel, dass sie nicht alles aufessen können, jedenfalls nicht auf einmal.

Marcel guckt neidisch zu Jan, der einen Berg voller Süßigkeiten vor sich liegen hat. Und Jan guckt ein wenig neidisch auf Marcels Anspitzer, der wie ein Rennwagen aussieht.

Marcel merkt es und fragt: „Willst du den haben?"

Jan nickt.

„Zwei Schokoriegel", sagt Marcel und hält die Hand auf. Jan überlegt nicht lange, gibt Marcel zwei Schokoriegel und bekommt dafür den Rennwagenanspitzer.

Bei Anna-Lisa tauscht Marcel den Radiergummi gegen eine

Tüte Gummibärchen ein. Von Simon erhält er für seine Farbstifte eine ganze Tafel Schokolade. Und Katharina, die schon ein wenig lesen kann, gibt Marcel für das Buch mit Lesezeichen eine Tüte Kartoffelchips und ein paar Bonbons. Alexander möchte Marcels Filzstifte haben und bietet ihm dafür zwei Rollen Lakritz und eine Packung Kaugummi. Doch Marcel lehnt ab. Jetzt hat er für den Anfang erst mal genug getauscht. Er isst einen Schokoriegel, steckt alles andere in seine Schultüte und ist mit dem ersten Schultag sehr zufrieden.

Baumhütteneinweihungsfest

Oli klappt das Rechenheft zu und räumt schnell seine
Schulsachen weg. „Ich geh zu Steven!", ruft er.
Heute wollen die beiden unbedingt ihre neue Baumhütte
fertig bauen. Es fehlt nur noch das Dach. Stevens Vater
hat ihnen dafür eine alte Zeltplane besorgt. Die müssen
sie jetzt an den Ästen festbinden und festnageln. Das ist
ziemlich schwierig. Steven will schon aufgeben. Aber Oli
lässt nicht locker. Und sie schaffen es. Vor Freude tanzen
sie durch den Garten.
„Jetzt müssen wir ein Baumhütteneinweihungsfest feiern",
schlägt Oli vor. Sie holen zwei Flaschen Limo und eine
Dose mit Keksen. Dann essen und trinken sie, bis ihnen
die Bäuche wehtun. Dann rülpsen sie um die Wette und
lachen.
„Wir haben eine Hütte!", ruft Oli ganz laut.
Steven nimmt ein Stück Holz. „Das ist mein Schwert.
Wir sind jetzt Piraten! Und das Baumhaus ist unser Schiff."
Sie spielen den ganzen Nachmittag. Bis Stevens Mutter
ruft, sie sollen endlich Schluss machen.
Oli läuft nach Hause. Er kann es kaum erwarten, seinen
Eltern von der tollen Baumhütte zu erzählen.
„Warum kommst du denn so spät? Wir haben uns schon
Sorgen gemacht. Und wie siehst du überhaupt aus? Du bist
ja ganz verdreckt!" Die Mutter und der Vater schimpfen in
einer Tour und schauen Oli böse an.
Da sagt Oli kein Wort von der Baumhütte. Das haben sie
davon.

Das Storchennest

Schon von Weitem war das Storchennest auf dem großen Bauernhaus zu sehen. Solange die Menschen zurückdenken konnten, thronte das Nest auf dem höchsten Haus von Denkendorf. Die Einwohner von Denkendorf freuten sich, dass jedes Frühjahr ein Storchenpaar auf dem Bauernhaus landete.

„Die Störche bringen Glück", sagte die alte Bäuerin.
„Sie schützen unser Haus vor Feuer und Blitz."
Viele Menschen in Denkendorf hofften, dass von dem Glück, das die Störche brachten, auch etwas für sie und für das ganze Dorf abfallen würde. Andere glaubten nicht an das Storchenglück. Sie freuten sich einfach daran, dass es diese seltenen Vögel immer noch gab und dass zwei von ihnen ausgerechnet in ihrem Dorf das Frühjahr und den Sommer verbrachten. Denn in viele andere Dörfer kamen schon lange keine Störche mehr.

66

Im Februar kletterte der Bauer auf das Dach und schaute nach, ob das Storchennest in Ordnung war oder ob etwas repariert werden musste. Denn Ende Februar kamen die Störche aus Afrika zurück.

Um diese Zeit schauten die Menschen von Denkendorf jeden Tag ein paarmal zum Storchennest hinauf. Oder sie lauschten, ob das Geklapper der Schnäbel schon zu hören war.

Auch die meisten Kinder warteten ungeduldig auf die Ankunft der Störche.

„Warum kommen sie denn dieses Jahr so spät?", fragten sie, als das Nest Anfang März immer noch leer war.

„Dieses Jahr hatten wir einen strengen Winter", antworteten die Erwachsenen. „Wahrscheinlich sind sie deswegen später losgeflogen." Aber gewusst haben es die Erwachsenen auch nicht.

Mitte März fragte der Bürgermeister von Denkendorf bei der Vogelwarte des Landes nach, warum denn die Störche dieses Jahr so spät kämen. Der Vogelschutzwart redete zwar lange und viel, eine Antwort konnte er dem Bürgermeister jedoch nicht geben.

Trotz aller Versuche, das späte Ankommen der Störche zu erklären, glaubte Ende März in Denkendorf niemand mehr wirklich daran, dass die Störche in diesem Jahr noch kommen würden.

Die Kinder hofften zwar immer noch, und manche wünschten sich im April vom Osterhasen ein Nest mit zwei Störchen drin. Aber auch der Osterhase brachte keine Störche. Das Storchennest in Denkendorf blieb leer.

Die alte Bäuerin jammerte: „Das ist ein böses Zeichen. Wer soll unser Haus nun vor Feuer und Blitz beschützen?" „Keine Angst, Großmutter", sagte der Bauernjunge. „Wir haben doch einen Blitzableiter."

Nicht allein

Ein paar Kinder kriechen durch ein Loch im Zaun in den
Garten des alten Bottmann. Dort gibt es die besten Äpfel
im ganzen Dorf.
Lukas ist ein guter Kletterer und klettert geschickt auf
einen Baum. Als er oben ist, wirft er Äpfel hinunter und
die andern fangen sie auf. Zum Schluss füllt Lukas seine
Taschen noch mit Äpfeln. Dann will er wieder hinunter-
klettern, rutscht ab, fällt und kann sich gerade noch an
einem Ast festhalten. Mit letzter Kraft zieht er sich hoch
und setzt sich schwer atmend auf den Ast.

Die anderen Kinder stehen mit angehaltenem Atem unter
dem Baum. Lukas ist nichts passiert, aber er traut sich nicht
mehr weiter. Der Schreck sitzt ihm im ganzen Körper.
„Los, mach schon, komm runter!", sagt Niki. „Wir müssen
weg, bevor uns der alte Bottmann erwischt."
Aber Lukas rührt sich nicht.
„Ich hau ab", sagt Niki und verschwindet durch das Loch
im Zaun.
Und Philipp mit ihr.
„He, bleibt hier!", ruft Meike. „Wir können Lukas doch
nicht alleinlassen."
Aber die beiden sind schon weg. Nur noch Axel bleibt da.
„Helft mir runter", bittet Lukas.
„Wie denn?", fragt Meike.
„Wir brauchen eine Leiter", sagt Axel.
Sie schleichen durch den Garten, finden aber keine Leiter.
„Wir müssen den Bottmann holen", meint Meike. „Der
muss Lukas helfen."
Axel guckt Meike mit großen Augen an. „Und wenn er uns
verhaut?"
Meike zuckt mit den Schultern. „Wird er schon nicht."
Da ist Axel nicht so sicher.
„Kommst du nun mit?", fragt Meike.
„Also gut, versuchen wir's."
Zusammen gehen die beiden zum Haus, um den alten
Bottmann zu holen.
Was der wohl sagen wird?

Kleiner bunter Vogel

Es war einmal ein Land, in dem viele reiche Leute lebten.
Sie fuhren teure Autos und wohnten in großen Häusern
mit großen Zimmern für alle. Weil die Leute immer sehr
beschäftigt waren, hatten sie nicht viel Zeit füreinander.
Hin und wieder wurden zwar mal ein paar Worte gewech-
selt, aber ansonsten gingen alle ihre eigenen Wege.
Die Kinder wuchsen heran, verlernten ziemlich bald das
Schmusen, Kuscheln, Helfen und Trösten. Dafür lernten
sie viele andere Dinge zu Hause und in der Schule: Lesen,
Rechnen, Schreiben, sich anständig zu benehmen, zu
gehorchen, auf den eigenen Vorteil bedacht zu sein, andere
auszutricksen und für seine Zwecke zu benützen.
Die Jugendlichen unterschieden sich kaum noch von ihren
Eltern. Was um sie herum und in der Welt passierte, war
ihnen ziemlich gleichgültig. Sie sahen nicht, wenn jemand
traurig war. Sie merkten nicht, wenn jemand Hilfe
brauchte. Sie dachten nur an sich und ihr eigenes Wohl-
ergehen.
So lebten alle nebeneinander, kümmerten sich nicht
umeinander und waren weder glücklich noch unglücklich.
Eines Tages kam ein kleiner bunter Vogel aus einem fernen
Land angeflogen und landete mitten in einem Kindergarten. Er sah sich um und wunderte sich, dass die meisten
Kinder alleine spielten. Nur auf einer Wippe saßen zwei
Mädchen und wippten miteinander. Der Vogel freute sich
und schaute ihnen eine Weile zu. Da erkannte er, dass
beide zwar auf einer Wippe saßen, aber nicht wirklich

miteinander wippten. Sie benutzten einander nur, damit sie selbst wippen konnten. Was das andere Mädchen dabei dachte und fühlte, war beiden gleichgültig.

Der Vogel flog einem der Mädchen auf die Schulter, wippte mit und rief: „Ui, wie das kitzelt!"

Das Mädchen sah ihn verwundert an.

„Wie heißt du denn?", fragte der Vogel.

„Carmen."

„Und deine Freundin?"

„Meine was?"

„Deine Freundin", wiederholte der Vogel, weil er dachte, Carmen hätte ihn nicht verstanden.

„Was ist das, eine Freundin?"

„Das weißt du nicht?", sagte der Vogel, sah Carmen an, sah all die allein spielenden Kinder und schüttelte den Kopf. „Langsam wird mir einiges klar", murmelte er und überlegte, was er tun könnte.

„Wie heißt denn das Mädchen, mit dem du gerade wippst?"

„Christina."

„Das ist ein schöner Name, findest du nicht?"

Carmen zog die Schultern hoch.

„Uiii!", rief der Vogel wieder. „Das kitzelt so schön."

Dann flüsterte er Carmen ins Ohr: „Komm, wir wippen mal so fest, dass es Christina ganz doll im Bauch kitzelt."

Carmen schien nicht richtig zu begreifen, was der Vogel meinte. Doch dann stieß sie sich mit den Füßen kräftig vom Boden ab. Christina sauste nach unten, riss den Mund auf, fing den Schwung ab und stieß sich sofort wieder hoch. So ging das ein paarmal auf und ab.

„Siehst du, wie Christina lacht", sagte der Vogel. „Bestimmt
kitzelt es sie jetzt im Bauch genauso doll wie dich und
mich. Ist das nicht schön?"

„Doch", sagte Carmen ein wenig verwirrt. „Aber ich weiß
nicht …"

„Jetzt machen wir uns mal so schwer", unterbrach der
Vogel Carmen, „dass wir Christina oben halten können.
Meinst du, das schaffen wir?"

„Wir können es ja versuchen."

„Also los!"

Und tatsächlich, sie schafften es.

„Hilfe!", rief Christina. „Lasst mich wieder runter!" Dabei zappelte sie mit den Füßen und lachte.

Auch Carmen musste lachen. „Wie ist es denn da oben?", fragte sie.

„Kalt, eiskalt", antwortete Christina, fing an zu bibbern und klapperte mit den Zähnen.

„Ich muss der armen Christina unbedingt helfen, sonst erfriert sie noch", sagte der Vogel und flog Christina auf die Schulter.

Da senkte sich die Wippe mit Christina, und Carmen schwebte langsam nach oben. „Hier ist es ja gar nicht kalt", rief sie nach unten. „Hier ist es schön warm."

„Dann können wir dich ja oben lassen", sagte Christina lachend.

„Ich habe nichts dagegen", antwortete Carmen, schloss die Augen und tat so, als ob sie sich sonnen würde.

„Du bekommst ja einen Sonnenbrand", sagte Christina nach einer Weile. „Wir lassen dich lieber wieder runter."

„Schade."

Der Vogel flog hoch und setzte sich auf einen Baum. Carmen und Christina erzählten den anderen Kindern von dem kleinen bunten Vogel und wie toll das Wippen jetzt sei. Zuerst glaubten die Kinder ihnen nicht. Doch als sie sahen, wie Christina und Carmen miteinander wippten, wie sie dabei lachten, wie ihre Augen strahlten, wie sie jauchzten, da hatten alle Kinder nur noch den einen Wunsch: genauso wippen zu können. Es gab ein richtiges Gedränge. Alle wollten mit Carmen oder Christina wippen,

weil sie dachten, es ginge nur mit den beiden. Aber sie
merkten schnell, dass es auch mit den anderen klappte.
Und nicht nur das, auch beim Seilhüpfen, beim Balancieren,
beim Klettern, beim Rennen und im Sandkasten war es
möglich, miteinander zu spielen, sich mit anderen zu
freuen. Und es war schöner als alles, was sie bisher getan
und erlebt hatten.
Der kleine bunte Vogel aber flog weiter, von Kindergarten
zu Kindergarten, von Spielplatz zu Spielplatz, von Schule
zu Schule. Überall hinterließ er strahlende Kinder, die
miteinander spielen, lachen, singen, tanzen, kuscheln und
schmusen konnten.
Und das taten sie auch, egal was die Erwachsenen dazu
sagten.

Sehr eigenartig

Thomas durfte in den Ferien mit dem Zug allein zu seiner Großmutter nach Stuttgart fahren. Doch als der Zug hielt und Thomas ausstieg, war seine Großmutter nirgendwo zu sehen. Thomas wunderte sich, denn seine Großmutter war sonst sehr zuverlässig. Er schaute sich um. Das ist doch gar nicht der Stuttgarter Bahnhof, dachte er. Ihm kam alles fremd und sehr eigenartig vor.

Über dem Ausgang stand in großen Leuchtbuchstaben THERDREV.

Wo bin ich denn hier gelandet?, fragte sich Thomas und verließ den Bahnhof.

Draußen wunderte er sich noch mehr. KNAB stand an einem großen Haus. Und SUAHFUAK und REKCÄB.

Thomas schüttelte den Kopf und ging weiter.

Er entdeckte ein Gebäude, das wie eine Schule aussah.

„ELUHCS", las er halblaut. Da wurde Thomas langsam klar, wo er gelandet war.

Weiß es sonst noch jemand?

Punkt, Punkt, Komma, Strich –
fertig ist Herr Helberich

Herr Helberich nahm es immer sehr genau. Damit nervte er seine Schüler manchmal ganz schön.

„Am Schluss einer Rechenaufgabe steht: Ergebnis, Doppelpunkt; und dann kommt der Ergebnissatz", erklärte er in jeder Rechenstunde. „Wenn das nicht so dasteht, ist die Aufgabe nicht richtig gelöst."

Einmal zeigte Verena Herrn Helberich eine Rechenaufgabe mit schön geschriebenem Ergebnissatz.

Herr Helberich überprüfte die Aufgabe und sagte: „Da fehlt noch etwas."

Verena las alle Zahlen und den Ergebnissatz noch einmal ganz langsam. Sie war sicher, dass sie nichts vergessen hatte.

Da nahm Herr Helberich seinen Rotstift und malte hinter das letzte Wort einen dicken roten Punkt.

„Wie oft habe ich euch schon gesagt, dass am Ende eines Satzes ein Punkt stehen muss. Sonst ist es kein richtiger Satz."

Verena ging an ihren Platz. Sie wollte Herrn Helberich unbedingt beweisen, dass ein Punkt gar nicht so unheimlich wichtig ist.

Aber wie?

Plötzlich fiel ihr das Gedicht ein, das sie aus einem Buch in ihr Übungsheft abgeschrieben hatte. Und das zeigte sie Herrn Helberich:

77

bandwurmgedicht

dieseskurzegedi
chtverstößtzwar
gegenvielerecht
schreibregelnun
desreimtsichauc
hnichtaberichbi
nsicherdukannst
trotzdemallesle
senobwohlesnich
tganzeinfachist
nasiehstduesgeh
tauchohneregeln

Da konnte Herr Helberich erst mal nur gucken.

Vortisch

Auf dem Heimweg finden Annika und Alex zwei Euro.

„Ich weiß schon, was wir damit machen", sagt Alex und leckt sich die Lippen.

„Eis kaufen!", ruft Annika und wirft das Geldstück vor Freude in die Luft.

Sie gehen beim Kiosk vorbei, kaufen zwei Eis und lassen es sich schmecken.

Beim Mittagessen hat Annika dann keinen Hunger. Sie schafft nur eine halbe Frikadelle.

„Was ist denn mit dir los?", fragt Mama erstaunt.

„Hab keinen Hunger", murmelt Annika.

„Das ist aber eigenartig."

„Wieso?", fragt Annika. „Muss man denn immer Hunger haben?"

„Natürlich nicht", sagt Mama. „Aber du hast mittags normalerweise einen Bärenhunger."

Annika schiebt eine Gabelspitze voll Kartoffelsalat in den Mund. Dann kaut sie so lange, als wäre er furchtbar zäh.

Mama schaut ihr zu und fragt: „Könnte es sein, dass du genascht hast?"

Annika antwortet nicht.

„Na?", sagt Mama.

„Ich habe nicht genascht", nuschelt sie.

„Wirklich nicht?"

„Nein", sagt Annika. Aber wenn Mama sie die ganze Zeit so anguckt, kann sie nicht lügen. „Alex und ich haben Geld gefunden und uns dafür Eis gekauft. Aber Eis essen ist nicht naschen. Eis gibt es ja auch oft als Nachtisch. Und wir haben es heute eben als Vortisch gegessen."

„Soso, als Vortisch", sagt Mama und kann sich ein Lächeln nicht verkneifen. „So kann man es natürlich auch nennen."

Fünfzig Mäuse

Es war einmal eine Katze, die hatte das Landleben satt. Sie
kleidete sich ein, bestellte sich ein Taxi und ließ sich in die
Stadt fahren. Dort kaufte sie gleich eine Zeitung, las die
Wohnungsanzeigen und machte sich auf Wohnungssuche.
Die erste Wohnung, die sie anschaute, lag im zehnten Stock
eines Hochhauses. Als die Katze vom Balkon nach unten
schaute, wurde ihr schwindlig.
„Nein", sagte sie, „das ist mir zu weit oben."
Die zweite Wohnung lag im Untergeschoss eines ziemlich
alten Hauses. Die Katze schaute zum Fenster hinaus und
sah nur die Beine der vorbeigehenden Leute.
„Nein", sagte sie, „das ist mir zu weit unten."
Die dritte Wohnung befand sich im zweiten Stock eines
Hauses am Stadtrand, war nicht zu weit oben und nicht zu
weit unten.
„Was soll die Wohnung kosten?", fragte die Katze den
Hausbesitzer.
„Das ist eine sehr schöne Wohnung in Stadtrandlage",
begann er. „So eine schöne Wohnung möchte jeder haben.
Erst gestern waren drei Leute hier und für heute Nachmittag haben sich schon wieder zwei angemeldet." Das
alles sagte er natürlich nur, um eine hohe Miete verlangen
zu können.
„Schon gut", unterbrach ihn die Katze. „Was wollen Sie also
für die Wohnung haben?"
„Zweihundert Mäuse", antwortete der Hausbesitzer und
meinte damit zweihundert Euro.

„Zweihundert Mäuse?", fragte die Katze. „Ist das nicht ein bisschen viel? Die Wohnung ist ja nicht besonders groß."

Sie wollte noch etwas sagen, aber in diesem Augenblick donnerte ein Zug am Haus vorbei, dass sie ihr eigenes Wort nicht mehr verstand. Die Katze schaute zum Fenster hinaus und fragte: „Wie oft fahren hier Züge vorbei?"

„Och, nicht oft", wich der Hausbesitzer aus. „Höchstens ein paarmal am Tag. Und nachts gar nicht, das ist nämlich nur eine Nebenstrecke", fügte er schnell hinzu.

„Soso, eine Nebenstrecke", sagte die Katze. „Und wie viel wollen Sie jetzt wirklich für die Wohnung haben?"

„Ähem … ja nun … sagen wir hundert Mäuse."

„Fünfzig", sagte die Katze, „und keine einzige mehr."

Der Hausbesitzer seufzte. „Na gut, weil Sie es sind."

Am 1. September zog die Katze in ihre neue Wohnung ein. Der Hausbesitzer erwartete sie schon und wollte sofort die Miete kassieren.

„Einen Moment, ich hole sie gleich", sagte die Katze, lief in die Wohnung und kam mit einem Karton zurück.

„Was ist denn das?", fragte der Hausbesitzer.

„Na, die Miete", antwortete die Katze und hob den Deckel des Kartons.

„Das sind ja Mäuse!", rief der Hausbesitzer entsetzt.

„Genau fünfzig", sagte die Katze und wollte dem Hausbesitzer den Karton geben.

Aber weil der vor Mäusen Angst hatte, rannte er wie der Teufel davon und ließ sich nie wieder blicken.

Mit letzter Kraft

In einem alten Schloss lebte ein altes Gespenst. Es war so alt, dass es gar nicht mehr wusste, wie alt es eigentlich war. Zweihundert Jahre oder dreihundert oder noch älter.

Doch das war dem Gespenst ebenso egal wie alles andere, denn es fühlte sich, als wäre es mindestens schon tausend Jahre alt.

Deswegen hatte es auch keine Lust und keine Kraft mehr zum Spuken. Aber das kümmerte den jungen Schlossherrn nicht. Er wollte seine Gäste um Mitternacht unbedingt erschrecken.

„Heute will ich einen ordentlichen Spuk sehen, sonst kannst du von hier verschwinden!", drohte der junge Graf dem alten Gespenst.

Das alte Gespenst heulte auf, allerdings so kläglich, dass man eher Mitleid als Angst bekommen konnte.

Um Schlag zwölf humpelte das alte Gespenst auf einem Krückstock in die Halle, wo der junge Graf mit seinen Gästen feierte. Es machte ein paarmal „Huhu, huhu!" und fuchtelte dazu mit seinem Stock. Die Gäste des jungen Grafen erschraken kein bisschen, im Gegenteil, sie lachten sogar über das alte Gespenst.

„Hinaus mit dir!", rief der junge Schlossherr wütend. „Ich will dich nicht mehr sehen!"

Da warf das alte Gespenst den Krückstock weg, nahm seine ganze Kraft zusammen, packte den jungen Grafen am Kragen und schwebte mit ihm durch den Saal.

„Lass mich los, du Biest!", rief der junge Graf und trat und schlug nach dem alten Gespenst. Das aber spürte die Tritte und Schläge gar nicht.

„Hilfe! So helft mir doch!", rief der junge Graf.

Doch seine Gästen standen nur wie angewurzelt da und bekamen vor lauter Staunen den Mund nicht mehr zu. Sie sahen, wie das alte Gespenst mit dem jungen Schlossherrn durch ein Fenster davonschwebte, und haben nie wieder etwas von den beiden gehört.

Die Zauberstimme

An einem wunderschönen Frühlingsmorgen lief ein
schwarzer Hund durch die Stadt und näherte sich dem
Park. Dort begrüßten gerade die Vögel den neuen Tag
mit ihrem Gesang.
Der schwarze Hund lief durch das Eingangstor, schnupperte
sich durch den Park, hob da und dort ein Bein.
Von der anderen Seite kam eine schwarze Katze in den
Park. Sie putzte sich, schaute nach den Vögeln in den
Bäumen – und stand plötzlich dem schwarzen Hund gegen-
über. Der knurrte und zeigte seine scharfen Zähne. Die
schwarze Katze machte einen Buckel und zeigte dem Hund
laut fauchend ihre Zähne. Die Vögel erschraken über das
Geknurre und Gefauche und verstummten.
Hund und Katze standen sich drohend gegenüber und

ließen sich nicht aus den Augen. Da kam ein Vogel angeflogen, landete genau zwischen den beiden und zwitscherte
los. Sofort duckte sich die schwarze Katze und setzte zum
Sprung an. Der schwarze Hund bellte laut. Doch der Vogel
blieb sitzen, zwitscherte und tirilierte, dass es eine wahre
Freude war.

Das Knurren des schwarzen Hundes wurde leiser und
verstummte schließlich ganz, ebenso das Fauchen der
schwarzen Katze. Und es dauerte nicht lange, da saßen
Hund und Katze im Gras und lauschten dem Vogelgesang.
Irgendwann flog der Vogel davon. Der schwarze Hund und
die schwarze Katze blieben sitzen. Er knurrte nicht mehr,
sie fauchte nicht mehr. Und die Vögel begannen wieder zu
zwitschern.

Björn versteht das nicht

Björn kommt vom Kinderturnen nach Hause.

„Na, wie war's?", fragt Papa.

Björn sagt nichts.

„Ist etwas passiert?", fragt Papa.

Da kullern Tränen über Björns Backen. „Der Lorenz hat mich geschlagen. Vor der Turnhalle hat er auf einmal gesagt, jetzt hau ich dich. Dann hat er mich geschlagen, dabei hab ich ihm gar nichts getan."

Papa legt den Arm um Björn. „Der Lorenz? Der möchte doch gerne dein Freund sein, oder nicht?"

„Aber ich nicht seiner – und jetzt schon gar nicht mehr."

„Hast du dich gewehrt?", fragt Papa.

„Zuerst nicht." Björn schnieft. „Aber dann hab ich ihn auch geschlagen."

„Das war wohl auch richtig so."

„Nö", widerspricht Björn. „Ich will überhaupt niemand schlagen. Aber er hat einfach nicht aufgehört." Björn zieht die Nase hoch. „Warum tut er das, wenn er mein Freund sein will?"

Papa drückt Björn an sich. „Tja", sagt er. „Vielleicht gerade drum."

Strahlende Sterne

Papa bringt Maximilian in den Kindergarten.

„Kommst du nicht mit rein?", fragt Maximilian.

„Heute nicht", antwortet Papa. „Ich bin sowieso schon spät dran."

„Nur ganz kurz, bitte, bitte!"

„Morgen wieder", verspricht Papa und gibt Maximilian einen Kuss.

Maximilian trottet zur Tür, dreht sich aber noch einmal um und winkt. Papa winkt zurück. „Mach's gut, mein Schatz!" In diesem Augenblick kommt Sophie und zieht die Tür auf. Maximilian läuft schnell hinter ihr her.

Es ist noch früh. Im Gruppenraum ist nur Felix. Und natürlich Frau Mattner. Maximilian und Sophie stürmen auf sie zu. „Hallo, Frau Mattner, was machen wir heute?"

„Hallo, ihr beiden! Wir werden heute etwas basteln. Aber was, das verrate ich erst, wenn alle da sind!"

Nach und nach trudeln die Kinder ein. Frau Mattner holt Goldpapier und sagt: „Setzt euch bitte an die Tische. Wir basteln jetzt Sterne."

Sie erklärt und zeigt, wie das Goldpapier gefaltet werden muss, damit die Sterne schön gleichmäßig werden. „Lasst euch Zeit. Es kommt nicht darauf an, wer zuerst fertig ist. Die Sterne sollen schön werden. Das ist viel wichtiger."

Maximilian nimmt einen Bogen Papier und faltet ihn so, wie Frau Mattner es ihnen gezeigt hat. Aber es wird kein schöner Stern. Er ist schief und krumm.

Maximilian schielt zu Sophie hinüber. Vor ihr liegt ein

fertiger Stern – ein schöner gerader Stern. Und schon faltet sie einen zweiten. Maximilian versucht seinen Stern genauso zu falten, wie Sophie es tut. Aber es klappt einfach nicht.

„Seht mal, Maximilians Stern ist mit einem Raumschiff zusammengestoßen", johlt Felix.

Da wird Maximilian wütend. Er knüllt seinen Stern zusammen und schmeißt ihn Felix an den Kopf.

„Felix. Maximilian. Hört sofort auf!" Frau Mattners Stimme hört sich jetzt sehr streng an.

Felix beugt sich schnell über sein Papier und faltet es eifrig. Maximilian aber laufen Tränen die Backen herunter.

„Maximilian, was ist denn los?", fragt Frau Mattner.

„Meine Sterne sind gar nicht schön", schnieft er. „Die von Sophie sind viel schöner."

„Soll ich dir helfen?", fragt Sophie.

Maximilian guckt sie einen Augenblick an – dann nickt er. Sophie zeigt ihm, was er falsch gemacht hat. Maximilian passt gut auf, dann probiert er es noch mal.

„Fertig!", ruft er und zeigt Frau Mattner ganz stolz seinen Stern.

„Sehr schön", lobt sie ihn. „Du siehst, man darf nicht gleich den Mut verlieren."

Und dann hängt Frau Mattner die Sterne an den Adventskranz, wo sie mit den Kinderaugen um die Wette strahlen.

Keine Pferdegeschichte

Nach dem Abendbrot fragt Papa: „Jenny, ist dein Rad im Keller?"

Jenny erschrickt. „Ich hab's vergessen."

„Dann aber schnell rein damit."

Jenny schaut zum Fenster. „Draußen wird es ja schon dunkel."

„Na und?"

„Ich … ich …", stottert Jenny.

„Na los, mach schnell", sagt Papa, „sonst wird es ja noch dunkler."

Jenny sagt nichts mehr. Sie nimmt den Kellerschlüssel vom Haken und geht.

„Warum hab ich nur das blöde Rad vergessen", murmelt sie, während sie vor dem Aufzug wartet. Als der Aufzug endlich kommt, drückt Jenny den E-Knopf. Die Tür schließt sich – da drängt sich in letzter Sekunde ein Mann dazwischen. Ein dicker Mann. Ein ungeheuer dicker Mann. Er schiebt seinen ungeheuer dicken Bauch in den Aufzug und schnauft und prustet wie ein Pferd.

Jenny drückt sich in eine Ecke und starrt den ungeheuer dicken Bauch an. So etwas hat sie noch nie gesehen.

Sie würde gern zu dem Gesicht des Mannes hochschauen, aber sie traut sich nicht.

Jenny stellt sich den Mann mit einem Pferdekopf vor. Lange Ohren, große Nasenlöcher und Pferdegebiss. Und bestimmt wiehert er, wenn er lacht. Vielleicht kann er auch so schnell rennen wie ein Pferd.

Jenny schaut auf die Füße des Mannes. Die stecken in normalen Schuhen. Und es sind nur zwei. Damit kann er nie so schnell rennen wie ein Pferd.

Und sowieso nicht mit dem Riesenbauch. Was da wohl alles drin ist?

Der Aufzug hält, die Tür öffnet sich, der Mann geht hinaus. Wieder schnauft und prustet er wie ein Pferd. Als Jenny hochschaut, sieht sie den Mann nur noch von hinten. Er hat einen breiten Schlapphut auf, der den Kopf völlig verdeckt. Jenny traut sich nicht in die Dunkelheit hinaus. Und mit dem Aufzug wieder nach oben zu fahren, traut sie sich schon gar nicht mehr. Deswegen rennt sie die Treppe hoch, so schnell sie kann. Keuchend kommt Jenny oben an und bittet Papa, mit ihr zu kommen.

„Also gut", sagt er und nimmt Jenny an die Hand. Mit Papa ist es im Aufzug nicht so unheimlich. Und draußen ist es auch nicht so dunkel. Jenny guckt sich verstohlen um, aber von dem Pferdemann ist zum Glück nichts zu sehen.

Als sie wieder oben sind, kuschelt sich Jenny in ihren Lieblingsplatz und hört eine Kassette. Bis Papa ruft: „Jenny! Es ist Zeit fürs Bett!"

Jenny tut so, als habe sie nichts gehört. Papa kommt ins Wohnzimmer und schaltet den Rekorder aus. „Hast du nicht gehört, es ist Zeit fürs Bett. Mach dich bitte fertig." Murrend zieht Jenny den Schlafanzug an. Dann geht sie ins Bad. Als sie fertig ist, bringt Papa sie ins Bett. Und obwohl Jenny eine Pferdenärrin ist, will sie heute keine Pferdegeschichte hören.

Papa wundert sich. „Warum denn das?", fragt er.
„Einfach so", antwortet Jenny nur und denkt: Papa muss ja
nicht alles wissen.

Angst im Dunkeln

Thomas liegt im Bett und kann mal wieder nicht einschlafen. Vom Flur fällt ein schwacher Lichtschein durch den Türspalt. Solange draußen das Licht brennt, ist alles nicht so schlimm.

Aber bald werden seine Eltern das Flurlicht löschen, davor hat Thomas Angst. Er dreht sich noch mal auf seine Einschlafseite, schließt die Augen und denkt an sein neues Fahrrad.

Aber auch das hilft nicht.

Plötzlich hört er draußen Schritte und weiß sofort, was das bedeutet: Das Licht wird gelöscht! Er hebt den Kopf und im selben Augenblick wird es dunkel.

„Nicht das Licht ausmachen!", ruft Thomas.

Das Flurlicht geht wieder an, und wenig später kommt Papa ins Zimmer.

„Du solltest doch längst schlafen", sagt er.

„Ich kann aber nicht", murmelt Thomas.

Papa knipst das Licht an und setzt sich auf Thomas' Bett.

„Warum kannst du denn nicht schlafen?"

Thomas zieht die Schultern hoch, und auf einmal hat er Tränen in den Augen.

„Was ist denn?", fragt Papa und nimmt Thomas' Hand.

„Hast du Angst vor der Dunkelheit?" Thomas nickt.

„Als ich so alt war wie du, hatte ich auch Angst im Dunkeln", gibt Papa zu. „Dann hat mein Vater zu mir gesagt, ein richtiger Junge hat keine Angst."

„Das hat Opa zu mir auch schon gesagt."

„So ein Quatsch", brummt Papa. „Jeder hat mal Angst, auch dein Opa. Nur gibt er es nicht zu."

„Weil er sonst kein richtiger Mann wäre", sagt Thomas. Papa schmunzelt. „Das meint er jedenfalls, obwohl das völlig bescheuert ist."

„Warum hat man überhaupt Angst?", möchte Thomas wissen.

„Hm", macht Papa, „das ist eine schwierige Frage." Er überlegt. „Manchmal ist es ganz gut, dass wir Angst haben."

„Warum?"

„Stell dir mal vor, du möchtest jemanden besuchen, und im Garten läuft ein bissiger Hund frei herum", sagt Papa. „Da ist es doch gut, wenn du Angst hast und draußen bleibst."

„Oder wenn einer noch nicht so gut Fahrrad fahren kann und Angst hat, freihändig zu fahren, da ist es auch gut", meint Thomas.

„Genau", stimmt Papa ihm zu. „Sonst könnte er nämlich stürzen und sich verletzen."

„Aber …" Thomas zögert. „Aber wozu ist die Angst vor der Dunkelheit gut?"

Papa zieht die Schultern hoch. „Ich weiß es nicht – wenn sie überhaupt für etwas gut ist. Es gibt ja auch Ängste, die für nichts gut sind, zum Beispiel die Angst vor einer Maus."

„Vor einer Maus braucht man doch keine Angst zu haben", meint Thomas. „Die ist doch so klein."

„Trotzdem haben viele Leute vor Mäusen Angst – ich übrigens auch."

„Ich habe keine Angst vor Mäusen, die können einem doch nichts tun", sagt Thomas.

„Die Dunkelheit kann einem auch nichts tun", sagt Papa.
„Sie kann nicht schlagen, nicht beißen und nicht brüllen."
„Ja, schon … aber sie ist … sie ist eben dunkel."
Papa steht auf, setzt Thomas' großen Bären auf den
Schreibtischstuhl und geht zum Lichtschalter. „Siehst du
deinen Teddy?"
„Klar."
Papa löscht das Licht. „Und jetzt?"
„Ich sehe ihn nicht mehr."
„Wo ist er denn jetzt?", fragt Papa.
„Er sitzt auf dem Stuhl."

„Klar", sagt Papa und knipst das Licht wieder an. „Wo soll er denn auch sonst sitzen? Im Dunkeln ist alles wie im Hellen. Dein Teddy sitzt auf dem Stuhl, der Schrank steht neben der Tür, die Poster hängen über dir an der Wand, deine Schultasche liegt auf dem Schreibtisch, alles ist da, nur siehst du es nicht."

„Darüber hab ich noch nie nachgedacht", murmelt Thomas.

Zum Glück

Nina und Lukas wohnen im selben Haus und gehen in dieselbe Klasse. Sie sitzen nebeneinander, und wenn die Schule aus ist, machen sie normalerweise miteinander die Hausaufgaben.

Gestern ging das allerdings nicht, weil Ninas Eltern zu einer Tagung mussten und Nina deshalb bis zum Abend bei ihrer Oma war.

Heute fragt Nina daher auf dem Weg zur Schule:

„Hast du die Hausaufgaben gemacht?"

Lukas wird es heiß. Er schüttelt den Kopf und sagt: „Ich schreib sie nachher schnell von dir ab."

„Wenn es noch reicht!"

„Komm, schnell!", drängt er.

Sie laufen, dass ihre Ranzen auf den Rücken hüpfen, schlängeln sich zwischen den vielen Kindern hindurch über den Pausenhof und verschwinden im Schulhaus. Zum Glück ist die Tür zum Klassenzimmer nicht abgeschlossen. Hastig holen beide ihre Hefte und Stifte aus den Ranzen. Doch bevor Lukas den ersten Satz geschrieben hat, kommen die anderen Schüler und die Lehrerin herein.

Lukas überlegt fieberhaft, was er jetzt tun soll. Dabei klopft sein Herz heftig.

Vielleicht hab ich Glück und sie schaut mein Heft nicht an, denkt er. Aber wenn ich kein Glück habe –

Langsam hebt er den Arm und murmelt: „Frau Winkler, ich habe die Hausaufgaben vergessen."

„Soso", sagt die Lehrerin. „Na, das kann jedem mal passieren. Dann machst du sie bitte bis morgen. Und von nun an vergisst du sie nicht mehr."

Lukas nickt und ist sehr erleichtert.

Auf dem Schulweg

Jeden Morgen treffen sich ein paar Kinder aus der ersten
Klasse vor Boris' Haus. Dann gehen sie miteinander zur
Schule und schnattern dabei durcheinander wie eine Herde
aufgeregter Gänse.

Mike hat denselben Schulweg wie die anderen Kinder, und
er steht fast immer rechtzeitig vor Boris' Haus. Trotzdem
geht er meistens ein paar Schritte hinter den andern her.
Manchmal hüpft er auch voraus und singt
selbst gedichtete Lieder.

„Der Mike spinnt", sagen die Kinder und lachen über ihn.
Auch heute gehen die Kinder miteinander zur Schule, ohne
Mike zu beachten. Als sie vor der Schule stehen bleiben,
geht Mike an ihnen vorbei und ruft: „Auf Wiedersehen!"
„Der spinnt mal wieder", sagt ein Mädchen.
„He, Mike, gleich läutet es!", ruft ein Junge.
Mike dreht den Kopf, lacht und winkt. Dann hüpft er laut
singend davon.

Geht der jetzt zur Schule oder nicht?
Das kann man bei Mike nie wissen.

Verliebt

Auf dem Schulhof spielen ein paar große Jungen mit einem Tennisball Fußball. Ohne es zu merken, gehen Felix und Axel über das Spielfeld. Ein Junge schießt, und Felix kann dem Ball nicht mehr ausweichen.

„Du spinnst wohl, du Knirps!", ruft der Schütze. „Das wäre ein Tor geworden!" Er droht Felix: „Hau bloß ab hier, sonst gibt's was auf die Mütze!"

„Hier bekommt keiner was auf die Mütze!", sagt Frau
Schuster, die eben auf den Schulhof kommt.
Felix läuft schnell zu seiner Lehrerin und stellt sich ganz
dicht neben sie.
„Keine Angst, der darf dir nichts tun", sagt Frau Schuster
und streicht ihm über den Kopf. Das tut Felix gut.
Als es wenig später zum Unterricht läutet, geht er schnell
ins Klassenzimmer.
Beim Rechnen ruft Frau Schuster ihn zweimal auf, und
Felix weiß zweimal die richtige Antwort. Sie stellt sich ganz
dicht neben ihn und legt ihm die Hand auf die Schulter.
Felix kann seine Lehrerin riechen wie noch nie. Ihm wird
beinahe schwindelig. Sie sagt etwas zu ihm, aber er versteht
es nicht.
„Ich glaube, die ist in dich verliebt", flüstert Axel, als Frau
Schuster wieder nach vorn zur Tafel geht.
Felix boxt Axel in die Seite.
Axel grinst. „Und du in sie."
„Du bist doof!", sagt Felix so laut, dass es alle hören.
„Wer soll hier doof sein?", fragt Frau Schuster.
Felix wird tomatenrot und senkt den Kopf. Einige Kinder
kichern.
„In unserer Klasse ist niemand doof", sagt Frau Schuster.
„Das weiß ich genau." Sie klatscht in die Hände. „So, und
jetzt rechnen wir weiter!"
Felix kann nicht mehr rechnen. Er guckt seine Lehrerin die
ganze Zeit an und denkt an das, was Axel gesagt hat. Dabei
kribbelt es angenehm in seinem Bauch. Er traut sich kaum
mehr, Frau Schuster anzusehen.

Doof, doofer, am doofsten

Heute findet Stefan alles doof. Schon beim Aufstehen ist er mit dem großen Zeh gegen die doofe Bettkante gestoßen. Das hat schlimm wehgetan.

Beim Frühstück musste er ein Brot mit doofer Erdbeermarmelade essen, obwohl er Aprikosenmarmelade viel lieber mag.

Auf dem Schulweg schnüffelte ein großer doofer Hund an ihm herum, dass er vor Angst fast in die Hose gepinkelt hätte.

In der Schule rief die doofe Lehrerin ihn zweimal auf, als er gerade nicht aufgepasst hatte. Und in der großen Pause fiel ihm auch noch sein Pausenbrot in eine doofe Pfütze. Voller Wut trampelte er darauf herum, bis ihn ein doofer Lehrer im Genick packte und ihm einen Vortrag über den richtigen Umgang mit Lebensmitteln hielt. Zur Strafe musste Stefan den doofen Abfall auf dem Schulhof aufsammeln.

Kein Wunder, dass Stefan heute alles doof findet. Am Nachmittag schließt er sich zu Hause in seinem Zimmer ein. Denn am allerdoofsten findet er sich heute selber.

Nur einen Wunsch

Lotti war ein nettes und liebes Mädchen. Aber sie hatte eine böse Mutter. Mit der lebte sie in einer kleinen Hütte am Waldrand. Lotti musste von morgens bis abends schwer arbeiten: Holz sammeln und klein hacken, Kleider waschen und flicken, kochen, backen, sauber machen und noch vieles mehr. Die Mutter kommandierte sie den ganzen Tag nur herum.

Eines Morgens schickte die Mutter Lotti wieder einmal fort, um Holz zu sammeln. Weil Lotti am Waldrand schon alles aufgesammelt hatte, musste sie tiefer in den Wald hinein.

Da hörte sie plötzlich eine Stimme: „Du bist ein gutes Mädchen und hast immer schwer gearbeitet. Dafür sollst du jetzt belohnt werden."

Im selben Augenblick wurde es hell in dem dunklen Wald, so hell, als ginge die Sonne auf. Aber es war nicht die Sonne, es war ein leuchtender Schimmel, der den Wald erhellte.

Lotti hielt eine Hand vor die Augen, weil das Licht sie blendete. Der Schimmel kam auf Lotti zugetrabt und blieb vor ihr stehen.

„Steig auf", sagte er. „Ich bringe dich in den Palast der Liebe. Dort erwartet dich der Prinz des Glücks."

Lotti kletterte auf einen umgestürzten Baum und von dort auf den Rücken des Schimmels.

„Du musst dich an meiner Mähne festhalten", sagte er und trabte los.

Es dauerte nicht lange, bis sie den Palast der Liebe erreichten. Dort wartete schon der Prinz des Glücks auf Lotti.
„Du hast es bisher im Leben sehr schwer gehabt“, sagte er.
„Deshalb darfst du dir jetzt etwas wünschen.“
Lotti überlegte nicht lange und sagte: „Ich habe nur einen Wunsch, eine liebe Mutter.“
Der Prinz des Glücks nickte, sprach einen Zauberspruch und ließ drei goldene Strahlen auf Lottis Mutter scheinen.
Als Lotti wieder nach Hause kam, nahm ihre Mutter sie in die Arme und drückte sie ganz fest an sich.

Einmal im Jahr

In einer alten Wohnung stand einmal eine uralte Badewanne auf vier kleinen Füßen.
Eines Morgens, als der Besitzer die Wohnung verlassen
hatte, blubberte die Badewanne: „Mein ganzes Leben lang
haben Leute in mir gebadet. Jetzt möchte ich selbst einmal
baden."
„Du hast Recht", stimmte das Waschbecken der Badewanne
zu. „Unser ganzes Leben lang haben wir alles schlucken
müssen. Es wird höchste Zeit, dass wir uns auch mal etwas
gönnen."
„Also los, gehen wir!"
„Gehen?", fragte das Waschbecken. „Wie soll ich denn
gehen? Ich habe doch keine Beine."
„Dann setz dich einfach in mich rein", bot die Badewanne
an. „Aber bitte ganz vorsichtig, damit wir uns nicht verletzen."
Es war zwar etwas schwierig, aber nach ein paar Anstren-
gungen saß das Waschbecken in der Badewanne, die sofort
lostrippelte. Draußen regnete es, aber so ein paar Tropfen
machten den beiden gar nichts aus. Sie waren ja viel mehr
Wasser gewohnt.
„In welche Richtung sollen wir gehen?", fragte die Badewanne.
„Egal", antwortete das Waschbecken. „Mir ist jede Richtung
recht."
Bevor die Badewanne sich entscheiden konnte, kam ein
Hund angelaufen, schnupperte an ihr und hob das Bein.

„He, lass das!", blubberte die Badewanne.

Der Hund zog erschrocken den Schwanz ein.

„Sag uns lieber, wie wir zum Hallenbad kommen, statt meine Freundin anzupinkeln", gluckste das Waschbecken.

„Zum Hallenbad?", knurrte der Hund. „Was wollt ihr zwei denn im Hallenbad?"

„Na, was wohl, du Klugscheißer?", sagte die Badewanne. „Baden natürlich. Oder glaubst du vielleicht, wir wollen dort Fußball spielen?"

Der Hund knurrte noch mal, aber nur ganz leise. Dann zeigte er den beiden den Weg. Sie bedankten sich, die Badewanne trippelte weiter und bald standen sie vor dem Hallenbad.

„Halt!", rief die Kassiererin. „Wo wollt ihr denn hin?"

„Zum Baden", antworteten beide.

„Das geht nicht."

„Warum nicht?", wollte das Waschbecken wissen.

„Weil heute Frauenbadetag ist", erklärte die Kassiererin. „Da dürfen nur Frauen hinein."

„Hm", machte die Badewanne. „Das ist aber dumm. Jetzt haben wir den weiten Weg ganz umsonst gemacht."

„Tut mir leid", sagte die Kassiererin.

„Dann kommen wir einfach morgen wieder", schlug das Waschbecken vor.

„Morgen kann ich euch leider auch nicht hineinlassen", erwiderte die Kassiererin. „Morgen ist nämlich Männerbadetag. Und übermorgen ist Kinderbadetag."

„Und wann ist Waschbecken- und Badewannenbadetag?", fragte das Waschbecken ärgerlich.

„Der ist nur einmal im Jahr." Die Kassiererin schaute im Kalender nach. „Und zwar am ersten Montag im August."

„Nur einmal im Jahr?", blubberte die Badewanne. „Das darf ja wohl nicht wahr sein!"

Das Waschbecken rechnete. „Dann müssen wir noch fünf Monate warten, bis wir baden dürfen."

Die Kassiererin zog bedauernd die Schultern hoch. „So sind nun mal die Vorschriften."

Diese Vorschriften fanden die Badewanne und das Waschbecken ungerecht. Enttäuscht und ziemlich wütend gingen sie zurück nach Hause. Dort strichen sie den ersten Montag im August im Kalender knallrot an.

Beate hat Recht

Wieder einmal kriegten die Jungen der Klasse 2a ihre Diktathefte zuerst zurück. Und wieder einmal ärgerte sich Beate darüber.
Immer kamen die Jungen zuerst dran, wenn es Hefte, Zeugnisse, Urkunden, Belohnungen oder sonst was gab. Das fand Beate ungerecht.
Und zu allem Überfluss hieß sie mit Nachnamen auch noch Walle. Das ist zwar ein schöner Name, aber leider kommt er im Alphabet erst ganz weit hinten. Das ärgerte Beate auch.
Darum machte sie ihrem Lehrer einen Vorschlag:
„Sie sollen auch einmal die Mädchen zuerst aufrufen. Und nicht immer nach den Nachnamen. Unsere Vornamen sind viel schöner."
Der Lehrer sah Beate erstaunt an, kratzte sich nachdenklich am Kopf und sagte: „Du hast Recht. Von jetzt an machen wir's mal so, mal so."
Das fanden alle toll. Sogar Jens Alber.

Eine Überraschung

Mitten in der Rechenstunde klatschte Herr Scheffler in die Hände. „Hört mal alle her! Ich muss etwas Wichtiges mit dem Rektor besprechen. Und solange ich weg bin, wird Primus mich vertreten."

Er winkte Primus zu sich nach vorne. „Ihr habt alle eure Rechenaufgaben, und wenn ihr etwas nicht versteht, fragt ihr Primus." An der Tür blieb Herr Scheffler noch einmal stehen. „Und ich will keine Klagen hören."

Kaum war Herr Scheffler draußen, fingen die Kinder an zu toben.

„Ruhe!", rief Primus. „Seid ruhig und rechnet weiter!"

Die Kinder dachten gar nicht daran. Toben war viel schöner als rechnen.

„Wenn ihr nicht ruhig seid, geb ich allen eine Strafarbeit."

Die Kinder lachten.

„Pass auf, dass wir dir nichts geben!", rief Marc und zeigte Primus die Faust.

„Du schreibst bis morgen eine Seite aus dem Lesebuch ab!"

Marc tippte sich an die Stirn.

„He, kommt mal alle her!", rief Jenni.

Die Kinder drängelten sich um Jenni und tuschelten miteinander. „Au ja, das machen wir!", riefen sie.

Dann setzten sich alle schnell auf ihre Plätze und rechneten. Die guten Rechner halfen den schwachen.

Und als Herr Scheffler zurückkam, waren alle Kinder mit ihren Aufgaben fertig.

„Prima", sagte er. „Das hätte ich nicht gedacht." Primus lobte er ganz besonders: „Du wirst bestimmt mal ein guter Lehrer." Herr Scheffler verstand gar nicht, warum die Kinder so lachten.

Etwas erleben

Alexanders Füller und sein Deutschheft wollten nicht immer nur in der dunklen Schultasche stecken oder auf dem Tisch liegen, sie wollten endlich auch mal etwas erleben.

An einem schönen Nachmittag warteten sie, bis Alexander aus dem Zimmer ging und die Tür offen ließ. Kaum war er draußen, hüpften sie vom Tisch, liefen aus dem Zimmer, die Treppe hinunter und aus dem Haus. Was sie da sahen, warf sie beinahe um: vorbeisausende Autos, große Häuser, hohe Bäume, von denen manche in den Himmel zu wachsen schienen. Und Menschen, viele Menschen, die dem Füller und dem Deutschheft mit ihren Schuhen gefährlich nahe kamen.

Während die beiden Ausreißer durch die Stadt gingen, sollte Alexander zu Hause einen Aufsatz schreiben, konnte aber sein Heft und seinen Füller nicht mehr finden. Das war ihm gerade recht, denn so hatte er mehr Zeit zum Spielen und eine gute Ausrede noch dazu.

Als die Ausreißer wieder nach Hause kamen, schrieb der Füller alles ins Deutschheft, was sie erlebt hatten. Und das war eine ganze Menge.

Abends wollte Alexanders Mutter den Aufsatz sehen.

„Ich … ich weiß nicht, wo mein Heft ist", stotterte er.

„Ich finde es nicht mehr. Und mein Füller ist auch verschwunden."

„Dann will ich dir mal suchen helfen", sagte die Mutter und fand das Heft auf dem Schreibtisch.

„Das gibt's doch gar nicht", murmelte Alexander.
Seine Mutter schlug das Heft auf, las den Aufsatz und
nickte zufrieden. „Sehr gut", lobte sie ihren Sohn. „Das
ist der beste Aufsatz, den du je geschrieben hast. Dafür
bekommst du eine Belohnung."
Alexander starrte seine Mutter an.
„Was ist denn mit dir?", fragte sie.
„Da… da… darf ich den Aufsatz mal lesen?", stammelte er.
Jetzt guckte Alexanders Mutter mit großen Augen und
wusste nicht, was sie davon halten sollte.

Eine lange Schlange

Familie Gugelberger ist auf dem Weg an die Ostsee, wo sie dieses Jahr Urlaub machen will. Sabine und Julian sitzen hinten im Auto und langweilen sich bald.

„Wie lange fahren wir denn noch?", fragt Sabine nach einer knappen Stunde zum ersten Mal.

„Ungefähr sechs Stunden", antwortet Papa.

Die Kinder stöhnen.

„Wir singen jetzt miteinander ein paar Lieder und bald machen wir eine Pause", schlägt Mama vor.

„Seid bitte mal kurz still", sagt Papa und schaltet das Radio ein. „Gleich kommen die Verkehrsmeldungen."

Die interessieren die Kinder nicht. Erst als Julian etwas von einer Schlange hört, spitzt er die Ohren.

„Die Schlange auf der A 7 zwischen Göttingen und Kassel hat inzwischen eine Länge von dreißig Kilometern erreicht. Bitte fahren Sie ab Göttingen auf der Bundesstraße 3 in Richtung Süden."

Julian weiß zwar nicht, wie lang dreißig Kilometer sind, aber es hört sich sehr lang an. Von Dudendorf, wo sie wohnen, bis zu seiner Oma in Bittelberg sind es fünf Kilometer, das weiß Julian. Und dreißig ist viel mehr als fünf, das weiß er auch. Er stellt sich eine Schlange von Dudendorf bis nach Bittelberg vor und findet die schon unheimlich lang. Bestimmt ist so eine lange Schlange sehr gefährlich. Und eine dreißig Kilometer lange Schlange ist noch viel gefährlicher.

Weil Julian so still ist, fragt Mama: „Ist dir schlecht?"

Er schüttelt den Kopf.

„Warum bist du dann so still?“

„Sei doch froh“, flüstert Papa.

Aber Mama ist nicht froh, sie ist eher besorgt.

„Papa“, murmelt Julian, „auf welcher Straße fahren wir?“

„Auf der A 7 Richtung Kassel.“

Julian erschrickt. „Dann musst du schnell auf eine andere
Straße fahren.“

„Spinnst du!", rutscht es Papa heraus.

„Aber Helmut!", tadelt Mama ihn. Dann fragt sie Julian, warum Papa auf eine andere Straße fahren soll.

„Weil eine riesige Schlange auf dieser Straße ist."

„Eine Schlange?", fragt Mama verwundert.

Sabine tippt sich an die Stirn.

Papa fängt plötzlich zu lachen an. „Jetzt weiß ich, was er meint. Im Radio haben sie doch eben von einer langen Autoschlange gesprochen."

„Ach so", sagt Mama und kann sich ein Schmunzeln nicht verkneifen.

„Autoschlangen sind doch gar keine richtigen Schlangen", belehrt Sabine ihren kleinen Bruder. „Die können auch nicht beißen."

„Das weiß ich selber!"

„Schau mal da rüber", sagt Papa und zeigt auf die Gegenfahrbahn, wo Auto an Auto steht.

„Warum fahren die denn nicht?", fragt Julian.

„Wahrscheinlich ist irgendwo eine Baustelle oder es hat einen Unfall gegeben", antwortet Papa. „Dann bildet sich schnell eine Schlange – eine Autoschlange. Aber die beißt wirklich nicht, da brauchst du keine Angst zu haben."

„Du hast die Meldung im Radio falsch verstanden", sagt Mama und greift nach hinten, um Julian über den Kopf zu streichen.

Aber Julian will jetzt nicht gestreichelt werden. Er drückt sich in die Ecke und schmollt.

Hüte deine Zunge!

Die Familien Berger und Schumacher wohnen seit Jahren nebeneinander. Sie besuchen sich öfter, gehen manchmal spazieren und wollen im nächsten Sommer sogar zusammen nach Spanien. Zuvor fahren die Bergers in den Osterferien ohne die Schumachers noch eine Woche nach Österreich zum Skilaufen. Das können die Schumachers sich nicht leisten.

„Kann unser Papagei für eine Woche bei euch bleiben?", fragt Herr Berger.

„Selbstverständlich", antwortet Frau Schumacher.

Herr Berger bedankt sich. „Bei euch fühlt sich Kiki bestimmt wohler als im Tierheim."

„Das hoffe ich doch", sagt Frau Schumacher.

Also ist Kiki eine Woche lang Gast der Familie Schumacher. Und er scheint sich vom ersten Tag an wohlzufühlen. Jedenfalls krächzt er munter vor sich hin. Am liebsten ist er mit den Kindern Sara und Sven zusammen, weil die ihm heimlich ab und zu ein Stück Schokolade geben.

Nach einer Woche sind die Bergers wieder zurück und holen Kiki ab.

„War er auch anständig?", fragt Frau Berger.

Frau Schumacher nickt. „Sehr anständig. Kein böses Wort kam über seinen Schnabel."

Frau Berger bedankt sich noch einmal und nimmt Kiki mit.

Eine Stunde später läutet bei Schumachers das Telefon. Herr Berger ist am anderen Ende der Leitung und kündigt den Schumachers die Freundschaft.

„Aber Bruno", sagt Herr Schumacher, „warum bist du denn so wütend? Was ist denn passiert?"

„Jetzt wissen wir endlich, was ihr wirklich von uns denkt!", ruft Herr Berger ins Telefon.

„Was soll denn der Quatsch!", ruft Herr Schumacher zurück. „Woher willst du das denn wissen?"

Herr Berger antwortet nicht. Stattdessen hört Herr Schumacher Kikis Stimme im Hintergrund: „Geldprotz! Quasseltante! Ungezogene Gören! Alte Schreckschraube! Der Berger ist ein Angeber! Kleine Biester! Geschniegelte Lackaffen!"

Herr Schumacher hat genug gehört. Er legt auf und brummt: „Blöder Papagei!"

Einmal anders

Ein Mädchen fand es langweilig, jeden Tag das Gleiche zu tun: aufstehen, waschen, frühstücken, in die Schule gehen, zu Mittag essen, Schulaufgaben machen, spielen, dann Abendbrot essen, waschen und ins Bett gehen.

Eines Abends lag das Mädchen wieder einmal im Bett und konnte nicht einschlafen. Da stand es auf, zog sich an, nahm den Schulranzen und ging zur Schule.

Auf dem Schulhof sah alles anders aus, fast ein wenig unheimlich.

Das Mädchen lief zu der Eingangstür, aber die war verschlossen. Da setzte sich das Mädchen unter ein Licht auf die Treppe. Es überlegte kurz, dann nahm es das Lesebuch aus der Schultasche und sagte: „Wir haben jetzt Deutsch. Ich lese euch etwas Schönes vor."

Das Mädchen blätterte eine Weile im Lesebuch, dann las es die Geschichte von der Sonne und dem Mond.

Das war seine Lieblingsgutenachtgeschichte.

Keine Lösung

Heute ist Wandertag. Die meisten Kinder freuen sich,
weil sie bei dem schönen Wetter lieber draußen als im
Klassenzimmer sind. Vor der Schule herrscht ein buntes
Treiben. Die ersten Kinder fangen schon an, ihre Brote
und Würstchen zu essen.
„Dann habt ihr ja nachher auf dem Grillplatz nichts mehr",
sagt Herr Bäumler.
Martin lässt Herrn Bäumler in seinen Rucksack schauen.
„Keine Angst, da ist noch viel zum Futtern drin."
Herr Bäumler schmunzelt und ruft seine Klasse zu sich.
„Wir gehen jetzt los. Zuerst auf dem Gehweg, bis wir am
Ortsrand sind. Macht bitte keinen Blödsinn, das könnte
sehr gefährlich werden."
Die Kinder marschieren los. Herr Bäumler geht am
Schluss, damit er seine Klasse im Auge hat. Trotzdem sieht
er nicht, dass Philipp von Hannes einen Stoß bekommt.
Philipp stolpert auf die Straße, doch zum Glück kommt
gerade kein Auto.
„Philipp!", ruft Herr Bäumler. „Was habe ich vorhin
gesagt?"
Philipp springt schnell zurück auf den Gehweg. Dort wird
er von Hannes angerempelt. „Man darf doch nicht auf der
Straße gehen", neckt er Philipp.
„Lass mich in Ruhe!", sagt Philipp.
Aber Hannes gibt keine Ruhe. Da geht Philipp schneller.
„He, drängle doch nicht so!", rufen ein paar.
„Philipp! Was soll denn das?", fragt Herr Bäumler.

Philipp antwortet nicht.

Als sie über die abgemähte Wiese gehen, schleicht Hannes sich von hinten an Philipp ran und kitzelt ihn mit einem Grashalm im Genick.

„Wenn du jetzt nicht aufhörst …", droht Philipp.

„Was dann?", fragt Hannes.

Philipp sagt nichts und geht schneller.

Bis zum Grillplatz passiert tatsächlich nichts mehr. Erst als die Kinder ihre Würstchen grillen, stellt Hannes sich wieder neben Philipp.

„Verschwinde!", sagt Philipp gereizt.

„Ich kann stehen, wo ich will", antwortet Hannes.

„Kannst du nicht!"

„Hier ist doch genügend Platz für euch beide", sagt Herr Bäumler.

Philipp will sein Würstchen vom Grill nehmen, da schubst Hannes ihn, und das Würstchen fällt in die Glut. Blitzschnell fährt Philipp herum und knallt Hannes eine.

Hannes schlägt zurück, Philipp ebenso.

„Aufhören!", ruft Herr Bäumler und geht dazwischen.

„Was soll denn das?" Er hält die beiden fest.

„Der hat angefangen", behauptet Hannes.

„Philipp, was ist denn heute los mit dir?", fragt Herr Bäumler. „So kenne ich dich gar nicht."

„Der ärgert mich schon die ganze Zeit", sagt Philipp.

„Stimmt ja gar nicht", widerspricht Hannes.

„Und wegen dem ist auch meine schöne Wurst ins Feuer gefallen."

Philipp schnieft.

„Aber du kannst doch nicht einfach zuschlagen", sagt Herr Bäumler.

„Soll ich mir von dem vielleicht alles gefallen lassen?"

„So schlimm wird's schon nicht gewesen sein", meint Herr Bäumler. „Zuschlagen ist jedenfalls keine Lösung."

„Aber wenn der mich nicht in Ruhe lässt …"

„Dann gibt's immer noch andere Lösungen", sagt Herr Bäumler.

Welche das sind, verrät er allerdings nicht.

Solche Kinder

Heute ist ein schöner Sommertag. Die Kinder können es kaum erwarten, ins kühle Wasser des Freibades zu springen. Am Nachmittag wimmelt und wuselt es dort nur so. Mittendrin in dem Gewimmel sind Julia und Marie. Sie spritzen sich gegenseitig Wasser ins Gesicht, bis sie kaum noch Luft bekommen.

„Aufhören!", ruft Marie, der es jetzt doch zu viel wird. Sie flieht, so schnell sie kann, zu ihrem Liegeplatz. Als sie sich abtrocknet, entdeckt sie eine Gruppe von Kindern mit einigen Betreuern. Irgendetwas an ihnen ist anders. „Mama, guck mal! Warum sehen die so komisch aus?"

„Die sind behindert", sagt Mama.

Marie wundert sich. „Aber sie können doch gehen, hüpfen, lachen und alles."

„Das schon", antwortet Mama. „Die Behinderung ist in ihren Köpfen."

„Sind sie verrückt?"

„Marie!", ruft Mama empört.

Jetzt kommt auch Julia angelaufen. Marie flüstert ihr etwas ins Ohr. Dann schaut auch Julia zu den behinderten Kindern. Einige von ihnen springen ins große Becken und schwimmen. Andere planschen im Kinderbecken herum, bespritzen einander, freuen sich und lachen. Wie alle anderen Kinder auch.

Nur ein kleines Mädchen und ein großer Junge trauen sich nicht ins Wasser.

„Ihr braucht keine Angst zu haben, Lisa und Philipp", sagt eine Betreuerin zu ihnen. „Euch kann nichts passieren, ich bin doch bei euch."

Die beiden wollen trotzdem nicht.

„Die haben Angst vor dem Wasser", flüstert Marie.

Julia nickt. Dann sagt sie: „Komm, wir spielen mit dem Ball."

Sie stellen sich auf und werfen sich den Ball zu. Da kommt Philipp angelaufen, stellt sich dazu und sagt: „Gib mir den Ball!"

Marie zögert, schaut zu Julia – dann wirft sie. Philipp kann den Ball nicht fangen, hebt ihn wieder auf und wirft ihn hoch. Der Ball landet auf dem Bauch eines Mannes.

„He, könnt ihr nicht aufpassen!", ruft der Mann.

Die Kinder stehen regungslos da. Sie möchten den Ball zurückhaben, aber sie trauen sich nicht, ihn zu holen.

„'tschuldigung", murmelt Philipp.

„Schon gut", brummt der Mann und wirft ihnen den Ball zu.

Julia legt den Ball auf ihre Luftmatratze, dreht sich noch einmal zu Philipp um und läuft mit Marie zum Schwimmbecken.

Am Beckenrand hüpfen zwei Jungen um Lisa herum. Sie schneiden Grimassen und machen Bewegungen, als ob sie auch behindert wären. Lisa weint.

Da kommt Philipp angerannt. Er gibt dem einen Jungen einen Fußtritt, packt den anderen und wirft ihn ins Wasser. Eine Frau springt sofort hinterher und schwimmt mit dem keuchenden Jungen zur Treppe.

Ein paar Erwachsene schimpfen mit Philipp.

„Lisa weint!", ruft er. Dann zeigt er auf die beiden Jungen. „Und die sind schuld. Die sind böse."

„Solche Kinder gehören einfach nicht ins Freibad", sagt ein Mann.

„Welche Kinder meinen Sie denn?", fragt Julia.

Manchmal

Manchmal schämt sich Sebastian. Am meisten dann, wenn er mit Kevin, seinem zehnjährigen Bruder, durchs Dorf gehen muss. Zu Hause macht es ihm weniger aus, da vergisst er sogar oft, dass Kevin krank ist. Zum Beispiel, wenn sie mit ihren Holzklötzchen bauen, in ihrem Zimmer Kissenschlachten veranstalten oder Blindekuh spielen.
Das ist Kevins Lieblingsspiel, dabei lacht er manchmal wie verrückt.
Sebastian weiß auch, dass es falsch ist, wenn er sich für seinen Bruder schämt. Das haben seine Eltern ihm schon oft erklärt. Trotzdem versucht er alles, damit er nicht allein mit Kevin aus dem Haus gehen muss. Denn er kennt die Worte und Sprüche der Jungen und Mädchen. „Spasti", „Schlitzaugen-Kevin" und „Chinesenkind" sagen sie zu seinem Bruder. Und im Chor rufen sie:

„Drehers Kevin ist missglückt
und von Kopf bis Fuß verrückt!"

Manchmal schämt sich Sebastian. Dann zerrt er seinen Bruder nach Hause und verpasst ihm dabei kräftige Fußtritte, weil Kevin nicht schnell genug rennen kann. „Warum kannst du nicht so wie die anderen sein!", schreit er ihn an. „Ich will einen richtigen Bruder, keinen wie dich!"
„Warum habe ausgerechnet ich so einen Bruder?", hat Sebastian seine Mutter früher oft gefragt.

Weil sie ihn dann immer so traurig, später auch ein wenig vorwurfsvoll anschaute, fragt er sie schon lange nicht mehr. Nur sich selbst fragt er das, immer wieder.

Manchmal schämt sich Sebastian. Vielleicht bin ich auch nicht ganz normal und merke es nur nicht, denkt er. Vielleicht lachen mich die anderen Kinder deshalb aus und wollen nicht, dass ich mit ihnen spiele …

Ein Mädchen

„Was bist du nur für ein Mädchen?", fragte die Mutter.
„Immer machst du dich schmutzig."
Das Mädchen lief in den Garten und schmierte sich von
oben bis unten mit Erde voll.
„Was bist du nur für ein Mädchen?", fragte die Mutter.
„Immer machst du alles kaputt."
Das Mädchen nahm die Teller und Gläser vom Tisch und
warf sie auf den Boden.
„Was bist du nur für ein Mädchen?", fragte die Mutter.
„Immer musst du mit deiner Schwester streiten."
Das Mädchen zog die Schwester an den Haaren, schubste
sie und nahm ihr die Puppe weg.
„Was bist du nur für ein Mädchen?", fragte die Mutter.
„Immer bist du so faul."
Das Mädchen legte sich aufs Sofa, während die Mutter und
die Schwester die Wohnung aufräumten.
„Was bist du nur für ein Mädchen?", fragte die Mutter.
„Immer bist du so frech zu mir."
„Daran bist du selber schuld", sagte das Mädchen, ging in
sein Zimmer und schloss sich ein.
Die Mutter schüttelte den Kopf und sagte: „Womit hab ich
das bloß verdient?"

Der Verdacht

Seit drei Tagen macht Familie Waller Urlaub auf einer
Sonneninsel im Mittelmeer. Papa liegt den ganzen Tag im
Schatten und liest. Mama liegt den ganzen Tag in der
Sonne, damit sie schön braun wird. Valeska und Benedikt
spielen nicht den ganzen Tag mit Sand und Wasser, wie
ihre Eltern gehofft hatten. Sie wollen Mama und Papa mit
Sand zuschütten oder mit ihnen im Wasser herumtollen
oder Boot fahren oder Boccia spielen.
„Jetzt sind wir extra hierhergeflogen, damit ihr schön
spielen könnt", beklagt sich Papa. „Und was macht ihr?
Ihr quengelt den ganzen Tag herum und nervt uns."
Valeska will etwas sagen, da fällt ihr ein Mann mit einem
langen weißen Bart und einer ziemlich altmodischen Bade-
hose auf. Er schaut sich um, entdeckt den leeren Liegestuhl
neben Wallers und kommt näher.
„Ist der noch frei?", fragt er höflich.
Papa schaut von seinem Buch hoch und nickt.
Der Mann bedankt sich, stellt seine Tasche ab, holt ein
großes Badetuch heraus und legt es auf den Liegestuhl.
Am unteren Rand des Badetuchs ist ein Name eingestickt:
Nikol…
Mehr kann Valeska nicht lesen, weil eine Ecke umgeklappt
ist.
Der Mann sucht etwas in seiner Tasche. Dabei sehen
Valeska und Benedikt, dass er eine rote Zipfelmütze dabei-
hat, und wundern sich.
„Da ist ja die Sonnencreme", murmelt der Mann und

schmiert sich von der Stirn bis zu den Zehen ein. Nur
an den Rücken kommt er nicht ran, sosehr er sich auch
abmüht.

„Würde eines von euch Kindern so lieb sein und mir den
Rücken eincremen?", bittet er Valeska und Benedikt, die
ihm die ganze Zeit zugesehen haben.

„Mach du", flüstert Benedikt.

„Warum ich?", fragt Valeska.

„Keine Angst, ich beiße nicht", sagt der Mann.

Trotzdem wollen die beiden nicht.

„Na ja", murmelt der Mann etwas enttäuscht, „dann kann
ich mich halt nicht auf den Bauch legen."

„Warten Sie", sagt Papa und legt sein Buch weg, „ich creme
Ihren Rücken ein."

„Vielen Dank, das ist wirklich sehr nett von Ihnen." Der
Mann gibt Papa die Sonnencreme und legt sich auf den
Bauch.

Papa schmiert ihn kräftig ein, Mama grinst, Valeska und Benedikt kichern leise.

„So, fertig", sagt Papa. „Aber ... äh ... wenn ich Ihnen einen Rat geben darf ... ich ... äh ... ich wäre an Ihrer Stelle vorsichtig mit der Sonne. Ihre Haut ist ... nun ja ... ein bisschen blass eben."

„Käsebleich", sagt der Mann und lacht. „Sie können es ruhig sagen. Meine Haut ist nicht blass, sondern käsebleich. Ich bin zum ersten Mal am Mittelmeer, müssen Sie wissen. Aber ich möchte es unbedingt mal so richtig schön warm haben."

„Ach so ... ja, das verstehe ich natürlich", sagt Papa. „Gerade deswegen sollte sich Ihre Haut langsam an die Sonne gewöhnen. Sonst bekommen Sie schnell einen Sonnenbrand."

Der Mann bedankt sich für den guten Rat, legt sich auf den Liegestuhl, schließt die Augen und lässt sich die Sonne auf den Bauch scheinen.

Papa schüttelt den Kopf und liest weiter in seinem Buch. Valeska und Benedikt tun so, als würden sie eine Sandburg bauen, lassen den Mann aber nicht aus den Augen. Beiden kommt er irgendwie bekannt vor.

„Jetzt weiß ich's!", ruft Valeska plötzlich und flüstert ihrem Bruder etwas ins Ohr.

„Du spinnst!", sagt Benedikt. „Der macht doch nicht Urlaub am Mittelmeer. Das glaub ich nicht."

„Was glaubst du nicht?", möchte Papa wissen.

Benedikt erzählt ihm leise, was Valeska vermutet.

„Den ... äh ... das gibt's doch gar nicht." Papa schielt zu

dem Mann hinüber. „Der sieht ihm nur ähnlich, das ist alles."

„Glaub ich nicht", sagt jetzt Valeska.

Sie und Benedikt beobachten den Mann weiter. Er liegt den ganzen Tag auf seinem Liegestuhl und geht nicht *ein Mal* ins Wasser.

Als die meisten Urlauber gegen Abend ihre Sachen zusammenpacken und ins Hotel gehen, verlässt auch der Mann seinen Liegestuhl. Er zieht einen roten Bademantel aus seiner Tasche.

Valeska stößt ihren Bruder an. „Glaubst du es jetzt?"

Benedikt starrt den Mann in seinem roten Mantel mit großen Augen an und ist sprachlos.

Kinderkram

Nach den Ferien erzählen die Kinder einander, wo sie überall waren und was sie alles erlebt haben.

Eine war in Afrika und ist auf einem Kamel geritten.

Einer war in Kanada und hat Bären gejagt.

Ein anderer war in Australien und ist mit den Kängurus um die Wette gehüpft.

Eine war auf einer einsamen Insel und hat sich fast zu Tode gelangweilt.

Wieder eine ist mit dem Boot übers Meer gefahren und hat dabei Walfische gesehen.

Und noch eine andere war auf einem Bauernhof und hat bei der Geburt eines Kälbchens mitgeholfen.

„Alles Kinderkram", sagt Arno verächtlich. „Soll ich euch mal was von meinem Urlaub erzählen?"

Obwohl niemand Ja sagt, fängt Arno sofort an: „Wir waren in Italien. Gleich am ersten Tag haben uns beim Baden im Meer Haie angegriffen. Ich konnte mich gerade noch auf meine Luftmatratze retten und zum Strand paddeln. Wir sind natürlich sofort abgefahren.

Mitten in Venedig hat uns dann so ein Idiot die Vorfahrt genommen und unser Auto gerammt. Das war vielleicht ein Theater. Die anderen Autofahrer haben ein Hupkonzert veranstaltet, dass mir fast die Ohren abgefallen sind. Aber das Tollste haben wir in Rom erlebt. Dort wollten wir als Erstes zum Eiffelturm. Wir sind mit dem Aufzug nach oben gefahren. Doch plötzlich blieb der Aufzug stehen. Wir haben auf alle Knöpfe gedrückt, aber nichts rührte sich.

Den ganzen Tag hingen wir zwischen Himmel und Erde.
Bevor es dunkel wurde, startete unten ein Hubschrauber.
Als er genau über uns schwebte, ließ der Pilot einen Karton
mit Lebensmitteln an einem langen Seil zu uns herunter,
damit wir nicht verhungern mussten. Kurz vor Mitternacht
bewegte sich der Aufzug endlich wieder, und wir waren
gerettet."

„Tolle Geschichte", sagt Sophie. „Aber sie ist von vorne bis
hinten erfunden und erlogen."

„Ist sie nicht!", widerspricht Arno.

„Ist sie doch!", behauptet Sophie. „In Venedig fahren
nämlich gar keine Autos, weil es da keine Straßen gibt.
Und der Eiffelturm steht nicht in Rom, sondern in Paris.
Das weiß doch jedes Baby."

Geburtstagsessen

Papa hat Geburtstag und geht mit seiner Familie ins
Gasthaus „Bären" zum Essen. Damit den Kindern die Zeit
nicht lang wird, nehmen sie Bücher, einen Malblock und
Farbstifte mit.

Als der Kellner kommt, bestellt Marie Pommes mit
Ketchup und Cola.

„Ich will auch Cola", sagt Jonas.

„Cola ist ungesund", entgegnet Mama.

„Wir wollen aber Cola!", rufen Jonas und Marie so laut,
dass einige Gäste die Köpfe drehen.

„Nun lass die beiden doch Cola trinken", sagt Papa zu
Mama. Als er ihr Gesicht sieht, fügt er hinzu: „Nur
ausnahmsweise."

Der Kellner schreibt die Bestellung auf und bringt wenig
später die Getränke.

Marie schaut die Colagläser prüfend an und stellt fest:
„Jonas hat mehr drin als ich."

Bevor die Eltern etwas sagen oder tun können, greift sie
nach dem Glas. Jonas hält es fest, Marie zieht und
schwupp, schon kippt es um und auf der weißen Tischdecke bildet sich ein brauner Colasec.

Jonas fängt an zu weinen, Papa schimpft zwischen den
Zähnen, Mama versucht mit Papiertaschentüchern
den Colasee zu stauen und Marie sitzt erschrocken dazwischen.

Die Leute schauen, der Kellner bringt eine frische Tischdecke und ein neues Glas Cola für Jonas, der es sofort mit

beiden Händen festhält. „Das kriegst du nicht!“, sagt er zu
seiner Schwester.

„Will ich auch gar nicht“, gibt Marie spitz zurück. Sie greift
in ihren Leinenbeutel und holt ein Buch heraus.

„Ich will auch ein Buch“, sagt Jonas.

Papa drückt ihm ein Bilderbuch in die Hand, doch damit
ist Jonas nicht zufrieden. Er will, dass Papa ihm die
Geschichte auch vorliest.

„Hier kann man nicht vorlesen, sonst fühlen sich die
anderen Leute gestört“, erklärt Papa.

„Ganz leise", flüstert Jonas und klettert schon auf Papas Schoß. Dabei zieht er an der Tischdecke, dass die Gläser bedenklich wackeln und Mama einen spitzen Schrei ausstößt.

Papa verdreht die Augen und beißt die Zähne zusammen.

„Du sollst vorlesen", sagt Jonas, als ob nichts passiert wäre.

Papa atmet tief durch, schlägt das Buch auf und liest so leise, dass nur Jonas es hört. Marie liest in ihrem Buch. Mama lehnt sich zurück und wird langsam wieder ruhiger. Zum Glück dauert es nicht lange, bis der Kellner die Pommes bringt.

Kaum hat Marie die ersten im Mund, spuckt sie alles wieder aus. „Iiiii!", macht sie. „Das Ketchup schmeckt eklig!"

„Marie!", zischt Papa.

„Die will ich nicht." Marie schiebt den Teller so heftig weg, dass Mama gerade noch das Colaglas retten kann.

„Wären wir nur zu Hause geblieben", seufzt sie.

„Ich habe mir mein Geburtstagsessen auch etwas anders vorgestellt", sagt Papa. Er nimmt Maries Teller und isst alle Ketchup-Pommes weg. Dann stellt er den Teller wieder vor Marie hin.

„Jetzt sind es aber so wenig", nuschelt sie mit weinerlicher Stimme.

Jonas, der Pommes ohne Ketchup hat, nimmt eine Hand-voll und legt sie auf Maries Teller. „Für dich", sagt er.

Marie guckt ihn überrascht an. Papa flüstert ihr etwas ins Ohr. „Danke", sagt Marie zu ihrem Bruder.

„Bitte."

Mama schaut von Marie zu Jonas. Dabei huscht das erste Lächeln über ihr Gesicht, seit sie das Gasthaus betreten haben.

Schneller

Maria und Stefanie spielen im Sandkasten.

„Maria!", ruft Mama zum Fenster heraus. „Kannst du schnell zum Bäcker gehen und Brötchen holen?"

„Wir spielen aber gerade so schön."

„Ihr könnt ja gleich weiterspielen, wenn du die Brötchen geholt hast", sagt Mama. „Komm bitte rein, ich geb dir Geld."

Maria geht meckernd ins Haus und kommt wenig später mit einer Tragetasche zurück. „Kommst du mit?", fragt sie ihre Freundin.

„Klar", antwortet Stefanie.

Maria will zum Zebrastreifen und dort über die Straße, so wie sie es immer macht.

Stefanie tippt sich an die Stirn. „Ich lauf doch nicht da vor bis zum Zebrastreifen und auf der anderen Seite wieder zurück. Ich geh gleich hier über die Straße, dann bin ich viel schneller drüben."

Sie schaut nach links und nach rechts. Von beiden Seiten kommen Autos. Also muss sie warten.

Maria zögert kurz, will etwas sagen, schluckt die Worte
dann aber hinunter und geht weiter bis zum Zebrastreifen.
Dort halten die Autos an und lassen sie über die Straße.
Drüben geht Maria zurück zur Bäckerei.
Als sie mit den Brötchen herauskommt, steht Stefanie
immer noch auf der anderen Straßenseite. Sie ist ziemlich
wütend, das sieht man ihr an.

Immer auf die Kleinen

Ein Bauer hatte drei Söhne. Zwei waren groß und stark,
aber einer war klein und zierlich. „Was bist du nur für ein
Junge", klagte der Bauer. „Zu nichts kann man dich
gebrauchen. Wenn du nicht mehr wächst, können dir alle
auf den Kopf spucken."
„Pass auf, Kleiner, sonst fällst du noch in ein Mauseloch",
spotteten die großen Brüder.
So ging das, bis es dem Kleinen zu
dumm wurde. Er lief in die Scheune,
füllte ordentlich Hühnermist in seine
Gummistiefel, goss noch etwas
Wasser dazu und schlüpfte hinein.
Dann stellte er sich hinter der Scheune
in die Sonne.
Hühnermist, dachte er, ist ein guter Dünger.
Eine Stunde verging – es passierte nichts.
Auch nach zwei Stunden – nichts. Der
Kleine wollte schon aufgeben, da spürte
er plötzlich ein Kribbeln in den Zehen.
Das Kribbeln wurde stärker, zog in die Beine,
und bald kribbelte es im ganzen Körper.
Der Kleine spürte, wie er wuchs, und hüpfte vor Freude.
Als er über zwei Meter groß war, zog er die Stiefel lieber
aus. Dann schlich er sich von hinten an den Vater und die
Brüder heran und spuckte ihnen auf die Köpfe.
„Zum Donnerwetter, jetzt fängt es zu regnen an", schimpfte
der Bauer.

Aber es war kein Wölkchen am Himmel. Die drei schauten
nach oben und schüttelten die Köpfe. Wie war das möglich?
Da fing der Große hinter ihnen so zu lachen an, dass sie
alle drei vor Schreck in Ohnmacht fielen. Der Große packte
sie, trug sie zum Brunnen und tauchte sie hinein. Dann
legte er sie zum Trocknen ins Gras.
Und wenn sie nicht gestorben sind, dann liegen sie noch
heute.

Gefährlich

In einem besonders kalten Winter suchten viele Tiere nach
einer warmen Behausung. Eine Maus hatte Glück und
entdeckte am Waldrand eine Pelzmütze. Sie beschnupperte
die Mütze, konnte nichts Verdächtiges riechen und sprang
hinein.

Drinnen packte sie mit den Zähnen ein Band und zog den
oberen Teil der Mütze nach unten, sodass der Eingang fast
verschlossen war. Dann legte sie sich hin und ruhte sich
aus.
Plötzlich hörte sie ein Geräusch und sah einen Kopf durch
die kleine Öffnung kommen.
„Mir ist so kalt", klagte der Spatz. „Kann ich mich bei dir
ein wenig aufwärmen?"
„In Ordnung", sagte die Maus. „Du bist nicht gefährlich, du
darfst hereinkommen."
Die Maus und der Spatz kuschelten sich eng aneinander
und wärmten sich. Wenig später kamen zwei Käfer ange-
krabbelt.
„Uns ist so kalt", klagten sie. „Können wir uns bei euch ein
bisschen aufwärmen?"

„In Ordnung", sagten die Maus und der Spatz. „Ihr seid nicht gefährlich, ihr dürft hereinkommen."

Kaum waren sie drin, fraßen die Maus und der Spatz die beiden Käfer auf.

Bald danach strich ein Wiesel um die Pelzmütze und jammerte: „Mir ist so kalt, kann ich mich bei euch ein wenig aufwärmen?"

„Nein!", riefen die Maus und der Spatz. „Du bist gefährlich, du darfst nicht hereinkommen!"

„Was, ihr wollt mich tatsächlich nicht hereinlassen, obwohl in der Mütze genug Platz für uns drei wäre? Das ist aber nicht schön von euch", sagte das Wiesel und fraß beide auf.

Dann rollte es sich zusammen, leckte sich die Schnauze und schlief ein.

Bald wurde es von einem Hecheln geweckt, öffnete die Augen und sah das rote Fell eines Fuchses vor sich.

„Mir ist so kalt", klagte der Fuchs. „Kann ich mich bei dir ein wenig aufwärmen?"

„Nein!", rief das Wiesel. „Du bist gefährlich, du darfst nicht hereinkommen!"

„Das ist aber nicht schön von dir", sagte der Fuchs und fraß das Wiesel auf.

Dann versuchte er, in die Pelzmütze zu kriechen, doch mehr als den Kopf brachte er nicht hinein.

„Auch gut", meinte er, „so habe ich wenigstens eine Kopfbedeckung und friere nicht mehr an den Ohren."

Mit der Pelzmütze auf dem Kopf lief er durch den Wald und dem Jäger genau vor die Flinte.

„Potzblitz!", rief der Jäger. „Das ist doch meine Pelzmütze! Gib sie sofort her, dann lasse ich dich laufen!"

„Die Mütze gehört mir", behauptete der Fuchs, „die bekommst du nicht."

„Das ist aber nicht schön von dir", sagte der Jäger zum Fuchs, schoss, setzte seine Pelzmütze auf und ging nach Hause.

Wir kommen aus dem Wald

Mama kommt ins Wohnzimmer, setzt sich aufs Sofa, atmet schwer und reibt sich die Augen. Maria und der kleine Maximilian schauen sie an.

„Bist du krank, Mama?", fragt Maximilian leise.

„Nein, mein Schatz, krank bin ich nicht, nur müde", antwortet Mama. „Heute war mal wieder ein anstrengender Tag." Sie legt den Kopf zurück und schließt die Augen. Maria flüstert ihrem Bruder etwas ins Ohr, dann schleichen beide aus dem Zimmer.

Nach einiger Zeit klopft es an der Tür. Mamas Augenlider sind sehr schwer und heben sich nur langsam. Sie braucht eine Weile, bis ihr klar wird, dass es an der Tür geklopft hat. „Was ist denn?", murmelt sie.

Die Tür öffnet sich und herein kommt ein kleines Männlein. Es hat einen Hut auf dem Kopf, einen langen weißen Bart unter der Nase und eine Jacke, die bis zu den Füßen reicht. Das Männlein trägt einen Teller, auf dem drei Pralinen liegen.

„Ich komme aus dem Wald
und habe dir was mitgebracht,
dass dein Mund bald wieder lacht."

„Ja … aber … ich … du", stammelt Mama ganz verwirrt. Das Männlein streckt ihr den Teller entgegen. Sie nimmt eine Praline, schiebt sie in den Mund und lässt sie auf der Zunge zergehen. Mit der zweiten macht sie es genauso.

Während sie die dritte Praline genießt, klopft es wieder.
„Herein!"
Eine Fee in einem weißen Umhang mit einem Schleier vor
dem Gesicht trippelt ins Zimmer. In der Hand hat sie einen
Tannenzweig, der mit goldenen Sternen geschmückt ist.

„Ich komme aus dem Wald
und habe dir was mitgebracht,
dass dein Mund bald wieder lacht."

Sie überreicht den Zweig mit einem Knicks, und bevor
Mama mehr als „danke schön" herausbringt, sind die Fee
und das Männlein schon draußen.
Mama schaut den Tannenzweig an, schüttelt den Kopf und
lächelt.

Da wird die Tür aufgestoßen. Maria und Maximilian kommen herein. Sie setzen sich rechts und links neben Mama.

Mama drückt beide an sich und sagt: „Schade, dass ihr vorhin nicht hier gewesen seid. Ich habe ganz lieben Besuch gehabt."

„Wen denn?", fragt Maria.

„Ein kleines Männlein und eine Fee sind aus dem Wald gekommen und haben mir Pralinen und diesen Tannenzweig gebracht. Die beiden haben mir eine große Freude gemacht."

Der kleine Maximilian streckt sich und zieht Mamas Kopf ein wenig zu sich herunter, damit er an ihr Ohr reicht.

„Das waren doch wir", flüstert er. „Maria und ich."

Eine einfache Lösung

Eva hatte von ihrer Oma ein schönes altes Schmuckkästchen bekommen. Darin bewahrte sie alle ihre Schätze auf. Das Wichtigste an der Schatztruhe war aber, dass man sie abschließen konnte. Den Schlüssel legte sie immer hinter ein bestimmtes Buch auf dem Bücherregal.

Eines Tages fand Eva beim Spazierengehen einen Glitzer-stein. Der war etwas für ihre Schatztruhe. Zu Hause lief sie gleich in ihr Zimmer, nahm das bestimmte Buch aus dem Regal – aber der Schlüssel lag nicht an seinem Platz. Er lag hinter dem nächsten Buch. Eva schloss ihre Schatztruhe auf und sah sofort, dass jemand darin gestöbert hatte. Sie lief ins Wohnzimmer.

„Jemand hat meine Schatztruhe geöffnet", sagte sie.

„Ich nicht", sagte Papa. „Das würde ich nie tun."

Eva und Papa sahen Mama an.

„Ich habe … meinen grünen Ring gesucht", sagte Mama.

„Und weil du manchmal meinen Schmuck nimmst …"

„Das ist gemein!", rief Eva. „Ganz, ganz gemein!"

„Ich finde das auch nicht richtig", sagte Papa.

„Wenn sie nicht meinen Schmuck nehmen würde, hätte ich nicht in ihrer Schatztruhe nachsehen müssen", verteidigte sich Mama.

„Hatte sie jetzt den grünen Ring oder nicht?", fragte Papa.

Eva nickte. „Aber nicht in meiner Schatztruhe."

„Das konnte ich ja nicht wissen", sagte Mama.

So ging das noch eine ganze Weile. Dabei gab es für das Problem eine ganz einfache Lösung.

Was soll Tamara tun?

In der großen Pause stehen Christian, Sven und Mike am Rande des Schulhofs. Sie scheinen etwas sehr Wichtiges miteinander zu bereden. Auf einmal heben alle drei die rechte Hand wie zu einem Schwur.
Auch in der nächsten kleinen Pause im Klassenzimmer stecken sie die Köpfe wieder zusammen.
„Schau mal, die drei da drüben", sagt Tamara zu Anne.
„Die flüstern dauernd miteinander. Ich möchte wissen, was die so geheimnisvoll tun."
Tamara und Anne nähern sich den Jungen so unauffällig wie möglich.
„Du passt vor der Tür auf und hustest laut, wenn jemand kommt", hören sie Christian flüstern. „Du lenkst die alte Schneider ab, und ich schnappe in der Zwischenzeit …"
Christian dreht den Kopf. „He, haut bloß ab hier!", sagt er zu Tamara und Anne. „Sonst gibt's Zunder!"
„Wir dürfen gehen, wo wir wollen", sagt Tamara. „Das kannst du nicht bestimmen."
„Du wirst gleich sehen, was ich kann!" Christian gibt Tamara einen Stoß, dass sie beinahe hinfällt.
„Du Angeber!", ruft Tamara.
„Sei still", flüstert Anne. „Der ist doch viel stärker als du."
„Soll ich mir deswegen alles gefallen lassen?"
„Nein, aber …"
„Hast du gehört", unterbricht Tamara Anne, „die haben was vor. Ich glaub, die wollen bei der alten Schneider klauen."

Als die Schule endlich aus ist, warten Tamara und Anne, bis Christian, Sven und Mike draußen sind. Dann schleichen sie hinter ihnen her.

Plötzlich dreht sich Christian um. Tamara und Anne ducken sich schnell und verstecken sich hinter einem Auto. „Ob er uns gesehen hat?"

„Glaub ich nicht." Tamara hebt den Kopf ein wenig und guckt durch die Autoscheiben. „Sie laufen schon weiter. Komm!"

„Ich hab Angst."

Tamara fasst Anne an der Hand und zieht sie mit. „Komm, sonst sind sie weg!"

Die drei Jungen gehen auf den Spielwarenladen von Frau Schneider zu. Ein Mann ist drin und redet mit ihr. Christian, Sven und Mike warten, bis der Mann herauskommt. Dann gehen Christian und Sven in den Laden. Mike bleibt vor der Tür stehen.

Tamara und Anne kauern hinter einem Auto und beobachten alles. „Was hab ich gesagt", flüstert Tamara. „Die wollen klauen."

„Das dürfen die doch nicht!"

„Drum laufen wir jetzt hinüber und sagen es der Schneider."

Tamara will los, aber Anne hält sie fest. „Nein, nicht! Sonst schlagen sie uns!" Anne schaut Tamara an. „Ich geh nicht mit, ich hab Angst."

„Meinst du, ich nicht?"

„Komm, wir hauen ab", bittet Anne.

Tamara schüttelt den Kopf.

„Aber ich verschwinde", sagt Anne.
Und bevor Tamara noch etwas sagen kann, ist Anne weg.
Jetzt hockt Tamara allein hinter dem Auto und weiß nicht,
was sie tun soll.

Eine Tür geht auf

Es war ein schmuddeliger Dezembertag. Draußen rieselte nicht der Schnee, sondern der Regen. Dennis malte ein Bild, seine Schwester Verena machte ihre Schulaufgaben. Als sie damit fertig war, fragte Dennis: „Spielen wir etwas?"

„Hab keine Lust", antwortete Verena. „Ich geh mal hoch zu Kerstin und Stefan."

„Ich geh mit", sagte Dennis sofort und lief hinter seiner Schwester her.

Verena schloss die Tür ab und steckte den Schlüssel in die Tasche. Mit dem Aufzug fuhren sie in den sechsten Stock und besuchten Kerstin und Stefan.

„Spielen wir Blindekuh?", fragte Dennis.

„Du willst immer Blindekuh spielen", meckerte Kerstin, „das ist doch langweilig."

„Will ich gar nicht immer", widersprach Dennis.

„Ich möchte Maria und Josef spielen", sagte Kerstin.

„Dann bin ich aber der Josef!", rief Stefan.

„Du bist doch der Kleinste", sagte seine Schwester. „Du kannst nicht der Josef sein."

„Kann ich doch!"

„Nein! Verena ist der Josef, ich bin Maria und du bist das Jesuskind."

„Aber ich möchte das Jesuskind sein", sagte Dennis.

„Du bist die Kuh und der Ochse im Stall", bestimmte Kerstin.

„Dann spiel ich nicht mit." Dennis fing zu weinen an.

„Heulsuse!", rief Verena. „Geh doch, wenn du nicht mitspielen willst!"
Dennis stand auf und lief hinaus. In der offenen Tür blieb
er stehen. Da gab ihm Stefan einen Schubs und schlug
die Tür hinter ihm zu. Dennis drehte sich um und sah die
dunkelblaue Tür vor seinen Augen verschwimmen.
Eine Weile stand er einfach so da und hörte die Stimmen
von Kerstin, Stefan und Verena wie von fern. Dann ging er
langsam zur Treppe und Schritt für Schritt hinunter. Vorbei
an vielen blauen Türen.
Als er vor seiner Tür stand, fiel ihm ein, dass Verena den
Schlüssel hatte. Aber nach oben gehen und ihn holen, das
wollte er nicht. Auf gar keinen Fall. Dann wollte er lieber
hier warten. Er hockte sich auf die kalte Treppe und weinte
leise vor sich hin.
Dennis hatte keine Ahnung, wie lange er auf der Treppe
gekauert hatte, als hinter ihm eine Tür geöffnet wurde.
„Also hab ich doch richtig gehört", sagte eine Stimme.
„Warum weinst du denn?" Frau Thurgau setzte sich neben
Dennis und legte einen Arm um ihn.
Dennis erzählte, was passiert war. Dabei schniefte er
kräftig.
„Du bist ja ganz durchgefroren", sagte Frau Thurgau.
Sie nahm Dennis an die Hand. „Jetzt kommst du erst mal
mit mir, dann sehen wir weiter."
Als Dennis durch die Tür trat, empfing ihn eine Wärme,
die ihm beinahe den Atem nahm. Plätzchenduft lag in der
Luft. Und er spürte, wie diese satte Wärme in seinen kalten
Körper strömte und ihn langsam wieder auftaute.

„Ich muss schnell nach den Plätzchen schauen, sonst
werden sie noch schwarz", sagte Frau Thurgau. Sie lief
in die Küche und öffnete den Backofen. „Gerade noch
rechtzeitig!" Sie nahm zwei Topflappen und zog das heiße
Blech aus dem Ofen. „Willst du mir helfen?"
Dennis nickte.
„Dann wasch dir schnell die Hände."
„Wo ist denn Philipp?", fragte Dennis, als er aus dem Bad
zurückkam.
„Der schläft noch", antwortete Frau Thurgau. „Solange
kann ich wenigstens in Ruhe backen. Und wenn du mir
dabei hilfst, werden wir vielleicht sogar fertig, bis er
aufwacht."
„Was soll ich tun?"
„Du könntest Plätzchen ausstechen, dann kann ich das
Blech gleich putzen und wieder einfetten."

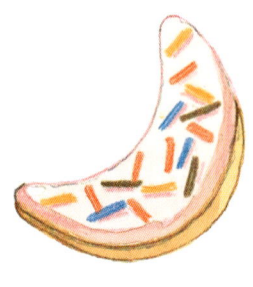

Dennis nahm ein Sternförmchen und drückte es zaghaft in den ausgewellten Teig. Als er den Teigstern herausnehmen wollte, franste der Rand aus.

„Das macht nichts", sagte Frau Thurgau. „Du musst nur kräftiger drücken, dann klappt es."

Dennis versuchte noch einen Stern und der gelang ihm. Ebenso der Mond, der Engel und der Tannenbaum. Er freute sich. Aus dem unteren Teil des Teigs stach Dennis lauter Tannenbäume aus, oben nur Sterne und drei Monde. Zwischendrin die Engel.

Frau Thurgau staunte. „He, du bist wohl ein kleiner Künstler. Das ist ja ein richtiges Teigbild."

Dennis wurde ein bisschen verlegen.

„Die anderen sind gleich fertig", sagte Frau Thurgau. „Dann schieben wir deine in den Ofen."

Plötzlich hörte Dennis etwas. „Philipp schreit!"

„Oh, den hab ich ganz vergessen." Frau Thurgau lachte. Sie holte Philipp aus dem Bett. „Sieh mal, wer da ist – der Dennis."

Philipp plapperte und sabberte, fuchtelte mit seinen
Ärmchen aufgeregt herum, griff nach Dennis' Haaren und
zog kräftig an ihnen.
„Au! Du reißt mir ja die Haare aus, du kleiner Schlingel."
Philipp kreischte vor Vergnügen.
„Wenn du willst, darfst du ihm das Fläschchen geben",
sagte Frau Thurgau.
„Au ja!"
Wenig später hatte Dennis den kleinen Philipp auf dem
Schoß.
„Halt ihn gut fest, er ist manchmal ziemlich wild."
Aber Philipp saugte genüsslich und ruhig an seinem
Fläschchen und spielte dabei mit den Haaren des Jungen.
„Weißt du was?", flüsterte Dennis. „Ich wünsche mir zu
Weihnachten einen kleinen Bruder."

Ein schöner Traum

Es war einmal ein kleiner Junge, der keine Freunde hatte. Alle lachten ihn wegen seiner großen, abstehenden Ohren aus und der Junge war oft sehr traurig. Immer wenn sie ihn auslachten und verspotteten, dachte er: Ich kann doch nichts dafür, dass ich solche Ohren habe.

Der Junge saß oft allein zu Hause und überlegte, wie er von dieser Last loskommen könnte. Einmal fragte er seine Eltern sogar, ob der Arzt seine Ohren nicht klein operieren könne. Da schimpften sie mit ihm und verboten ihm, so dummes Zeug zu reden. Also redete der Junge nicht mehr davon, aber damit war das Problem nicht gelöst.

Als er wieder einmal allein zu Hause war, las er in einem Buch von einem Land, in dem viele Leute große, abstehende Ohren haben, genau wie er.

In der Nacht träumte der Junge von dem Land und wie ihn die Leute dort um seine Ohren beneideten. Sie machten ihn sogar zu ihrem König, weil er die größten und schönsten Ohren von allen hatte.

Am nächsten Morgen wachte der Junge auf und war auf seine Ohren richtig stolz. Die Hänseleien der anderen machten ihm nichts mehr aus. Und als sie das merkten, lachten sie auch nicht mehr über ihn.

Der Hausgeist

Die Möhlmanns waren eigentlich eine ziemlich normale Familie. Sie wohnten in einer Doppelhaushälfte am Stadtrand von Bremen. Vater und Mutter Möhlmann arbeiteten bei einer Bank. Er den ganzen Tag, sie nur halbtags. Marina und Markus Möhlmann waren Zwillinge und gingen in die dritte Klasse. Beide mit mäßigem Erfolg. Doch obwohl die Möhlmanns eine ziemlich normale Familie waren, passierten bei ihnen immer wieder eigenartige Dinge. So verschwanden zum Beispiel jeden Tag Gegenstände auf unerklärliche Weise. Meistens waren es Sachen, die den Kindern gehörten.

„Mama, wo sind meine Socken?", fragte Markus eines Morgens.

„Da, wo du sie gestern Abend ausgezogen hast", antwortete Mama.

„Ich habe sie hierher gelegt", sagte Markus und zeigte auf den Stuhl neben seinem Bett. Aber auf dem Stuhl lagen keine Socken. Auch nicht unter Markus' Hose.

„Bist du sicher, dass du …"

„Ja!", unterbrach Markus seine Mutter.

Noch während sie die Socken suchten, rief Marina aus ihrem Zimmer: „Mama, wo ist mein Lineal?"

„Woher soll ich denn das wissen!", rief Mama zurück.

„Ich habe es gestern auf meinen Schreibtisch gelegt!"

„Dann liegt es sicher auch noch da", meinte Mama.

„Nein, tut es nicht!", rief Marina. „Und ich brauche es heute unbedingt in der Schule!"

Doch sosehr sie das Lineal auch suchten, es blieb verschwunden.

Dafür fanden sie Markus' Socken in Marinas Papierkorb. Obwohl niemand sie da hineingeworfen hatte. So war es oft im Hause Möhlmann. Manche Gegenstände tauchten an völlig überraschenden Orten wieder auf, andere blieben ganz verschwunden.

Deswegen sagte Vater Möhlmann eines Tages: „Ich glaube, bei uns spukt es. Hier muss ein Geist im Haus sein, der all die Sachen verschwinden lässt. Denn von allein verschwinden sie ja wohl nicht."

„Ein Geist?", fragte Markus.

Marina lachte. „Geister gibt's doch überhaupt nicht."

„So?", fragte Vater Möhlmann. „Dann erklär mir bitte mal, wie mein Füller in dein Federmäppchen kommt, wenn du ihn nicht hineingetan hast!"

Das konnte Marina nicht.

„Na, siehst du", sagte Vater Möhlmann. „Und wo ist Markus' Tischtennisschläger geblieben, den wir seit drei Tagen vergeblich suchen?"

„Weiß ich doch nicht", brummte Marina.

„Normalerweise müsste er unten im Schrank an seinem Platz liegen."

„Da liegt er aber nicht", sagte Markus.

Vater Möhlmann nickte. „Genau. Und wenn ihn von uns niemand weggenommen, versteckt oder verlegt hat, gibt es nur eine Erklärung: Unser Hausgeist war's."

Der Hausgeist ließ auch in den nächsten Wochen und Monaten immer wieder etwas verschwinden. Vom Bleistift-

spitzer bis zur Pudelmütze. Im Hause Möhlmann regte sich
darüber nur noch selten jemand auf.

Am 20. Oktober feierten Marina und Markus ihren neunten
Geburtstag. Und zwischen den Geschenken von Eltern,
Großeltern, Tanten und Onkeln stand auf einmal ein riesen-
großes Paket, von dem niemand wusste, wer es dahin
gestellt hatte.

„Für wen ist es denn?", fragte Marina.

„Es steht kein Name drauf", stellte Markus fest. „Dann ist
es für uns beide."

Zusammen öffneten sie das Paket – und trauten ihren
Augen kaum: Es lag alles drin, was in den letzten Wochen
und Monaten verschwunden war, vom Bleistiftspitzer bis
zur Pudelmütze.

„Das … das … das ist vom Hausgeist", stammelte Markus.
Marina schluckte nur. Sie war erst einmal völlig sprachlos.

Gibt's hier ein Gespenst?

Die Klasse 2a macht ihren Schulausflug. Sie wollen
ein altes Schloss besichtigen und alle sind schon ganz
aufgeregt.
Herr Borsig, der Klassenlehrer, übernimmt die Schloss-
führung. Sie müssen aber erst Filzpantoffeln anziehen.
Herr Borsig erzählt den Kindern, wie alt das Schloss ist,
wie oft es in welchem Krieg beschossen wurde und wieder
neu aufgebaut werden musste. Er erzählt auch ausführlich
von Fürsten und Stammbäumen.
Die Schüler langweilen sich. Ein paar Jungen spielen mit
ihren Filzpantoffeln Fußball. Andere wollen endlich die
Waffenkammer sehen.
„Gibt's hier auch ein Schlossgespenst?", fragt einer.
„Ein Schlossgespenst?" Herr Borsig lacht. „Gespenster
gibt's doch nur in Märchen." Er will den Schülern gerade
etwas vom letzten Grafen des Schlosses erzählen, da ertönt
ein schauerliches Geheul.
Die Kinder staunen.
Herr Borsig lässt seinen Notizzettel fallen und rennt an den
Kindern vorbei aus dem Schloss.
Was er wohl hat?

Überstanden

Florian braucht eine neue Hose.
Das meint jedenfalls Mama. Florian
ist überhaupt nicht ihrer Meinung.
„Ich will keine neue Hose. Neue
Hosen kneifen und zwicken immer so.
Und einkaufen will ich sowieso nicht!“
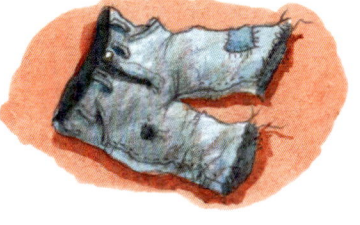
„In einer neuen Hose bist du ein viel schönerer Junge“,
behauptet Mama.
„Ich will aber kein schöner Junge sein!“
„Flori, sei bitte vernünftig, du …“
„Ich will auch nicht vernünftig sein!“
Mama schüttelt den Kopf und geht aus dem Zimmer. Flori
glaubt schon, dass er gewonnen hat. Doch da täuscht er
sich. Eine halbe Stunde später kommt Mama in Jacke und
Schuhen zurück und lässt nicht locker, bis er hinter ihr im
Auto sitzt. Während der ganzen Fahrt quengelt er, aber
Mama tut so, als höre sie es nicht.
In der Stadt gehen sie von einem Geschäft ins andere. Alle
Hosen, die Florians Mama aussucht, findet er blöd. Und bei
der einzigen, die ihm gefällt, schüttelt sie den Kopf.
Nach zwei Stunden hat Florian endgültig genug. Er setzt
sich in der Fußgängerzone auf eine Bank und nuschelt mit
weinerlicher Stimme: „Ich kann nicht mehr, ich will nach
Hause.“
Mama sieht ein, dass jetzt alles Reden zwecklos wäre, und
geht seufzend mit Florian zum Auto. „Morgen ist auch noch
ein Tag“, murmelt sie.

Aber das ist Florian egal. Er freut sich, dass er das Einkaufen für heute überstanden hat und noch mindestens einen Tag in seiner alten Hose herumlaufen darf. Die ist ihm nämlich viel lieber als eine noch so schöne neue.

Eine schwierige Operation

Am Nachmittag kommt Sophie zu
Janina. Zuerst machen sie die
Hausaufgaben, dann spielen sie
miteinander.

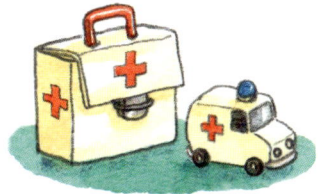

Janinas kleiner Bruder Maximilian möchte auch mitspielen.
„Aber nur, wenn ich nicht wieder das Baby sein muss."
„Wir können Krankenhaus spielen", schlägt Janina vor.
„Das haben wir schon lange nicht mehr gespielt."
„Au ja!", ruft Maximilian. „Ihr müsst mich operieren."
Janina kramt ihren Arztkoffer aus der Spielzeugkiste.
Maximilian legt sich aufs Bett und stöhnt: „Mein Bauch tut
weh. Mein Bauch tut so weh!"
Janina öffnet den Arztkoffer. „Dann müssen wir schnell
operieren." Sie holt eine Spritze ohne Nadel heraus.
„Schwester", sagt sie zu Sophie, „ziehen Sie dem Kranken
den Pulli hoch und die Hose runter."
„Die Hose nicht", sagt Maximilian schnell.
Sophie zieht den Pulli aus der Hose und schiebt ihn bis
über die Brust. Janina gibt Maximilian eine Spritze.
„Jetzt werden Sie gleich ganz müde und schlafen ein."
Sofort schließt Maximilian die Augen und schnarcht.
Janina nimmt das Operationsmesser und tut so, als würde
sie ihm den Bauch aufschneiden. Plötzlich muss Maximilian
lachen. „Hör auf, das kitzelt so!", prustet er und windet
sich.
„Liegen bleiben!", befiehlt Janina. „Ich bin noch nicht
fertig." Sie legt das Messer weg und Sophie gibt ihr die

171

Pinzette. Janina greift kurz in ihre Hosentasche und holt etwas heraus. Dann beugt sie sich tief über Maximilians Bauch, als würde sie hineinschauen. „Ja, was sehe ich denn da?", fragt sie erstaunt. „Ein Geldstück!"

Maximilian öffnet die Augen. Ganz vorsichtig zieht Janina das Geldstück mit der Pinzette unter der linken Hand hervor und hält es hoch. Maximilian starrt die Münze an und schluckt. Dann hebt er den Kopf ein wenig und guckt zu seinem Bauch. Alles heil, stellt er erleichtert fest. Einen Moment hat er geglaubt, Janina habe ihm wirklich den Bauch aufgeschnitten.

„Das haben Sie wohl verschluckt."

„Dann gehört es mir", sagt Maximilian und hält die Hand auf.

„Nein.“

„Doch.“

„Das war ja nur im Spiel in deinem Bauch“, sagt Sophie.
Maximilian steht auf. „Ich will nicht mehr Krankenhaus
spielen.“

„Ich auch nicht“, sagt Sophie.

„Spielen wir Verstecken?“, fragt Maximilian.
Janina und Sophie sind einverstanden. Und schon laufen
alle drei hinaus in den Garten.

Ein kleiner Zauberer

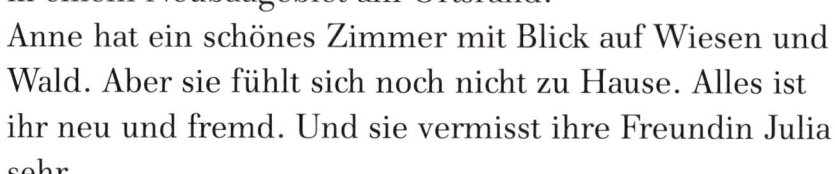

In den Sommerferien ist Annes Familie
umgezogen. Das Haus befindet sich
in einem Neubaugebiet am Ortsrand.
Anne hat ein schönes Zimmer mit Blick auf Wiesen und
Wald. Aber sie fühlt sich noch nicht zu Hause. Alles ist
ihr neu und fremd. Und sie vermisst ihre Freundin Julia
sehr.
Jetzt liegt Anne im Bett und kann nicht schlafen. Wenn
sie an morgen denkt, wird ihr heiß und flau im Magen.
Denn morgen muss sie zum ersten Mal in die neue Schule,
wo sie niemanden kennt.
Anne flüstert ihrem kleinen Zauberer ins Ohr: „Du musst
morgen mit mir in die Schule gehen, damit ich nicht allein
bin. Und dann musst du alle so verzaubern, dass sie nett zu
mir sind."
Der Zauberer nickt. Wange an Wange mit ihm schläft Anne
irgendwann ein.
Am nächsten Morgen ist Anne sehr still. Auf dem Weg zur
Schule versucht Mama sie aufzumuntern. „Hier gibt es
bestimmt genauso nette Kinder wie …" Zu Hause hätte sie
jetzt beinahe gesagt. Sie kann die Worte aber gerade noch
unterdrücken und sagt stattdessen: „… wie überall. Und du
findest bestimmt bald Freundinnen und Freunde."
Das hofft Anne natürlich auch, aber sie ist da nicht so
sicher.
Mama geht mit Anne zuerst ins Sekretariat. Dort steht
gerade die Schulleiterin und begrüßt Anne freundlich.

Dann sagt sie: „Ich bringe dich jetzt zu Frau Sommer; sie nimmt dich mit in deine neue Klasse."

Mama gibt Anne noch einen Kuss und flüstert ihr ins Ohr: „Mach's gut, mein Schatz." Anne muss kräftig schlucken, als sie mit der Schulleiterin hinausgeht.

Frau Sommer ist eine junge Lehrerin mit einem schwarzen Lockenkopf und lustigen Augen. Auf dem Weg ins Klassenzimmer ist Anne so mit Schauen beschäftigt, dass sie gar nicht richtig hört, was Frau Sommer alles zu ihr sagt.

Und plötzlich steht sie vor den anderen Kindern. Während sie in die Klasse schaut, hört sie eine Jungenstimme sagen: „Die hat ja eine Puppe dabei wie ein Baby."

„Du bist doof!", ruft Leonie sofort.

„Doof ist Jan nicht", sagt Frau Sommer. „Er kann sich anscheinend nur nicht vorstellen, wie es ist, in eine neue Klasse zu kommen."

Leon meldet sich.

„Ich weiß noch, wie das war, als ich im Januar hierherkam. Da hat mein Herz ganz wild geklopft und ich hab gar nichts sagen können."

Frau Sommer lächelt. „Aber dann hast du gemerkt, dass wir eine sehr nette Klasse sind."

Leon nickt. „Das merkt … sie bestimmt auch bald."

„Sie hat auch einen Namen." Frau Sommer guckt Anne an. „Möchtest du ihn selbst sagen?"

Anne schluckt und sagt leise: „Anne Schiller."

Leonie zeigt auf die Puppe. „Und wer ist das?"

„Das ist mein kleiner Zauberer", antwortet Anne.

„Kann der wirklich zaubern?", fragt Leonie, die ziemlich neugierig ist und alles wissen möchte.

„Quatsch!", ruft Maria. „Eine Puppe kann doch nicht zaubern."

„Höchstens in Annes Fantasie", meint Leon, der für einen Zweitklässler schon sehr klug ist.

„Und wenn Annes kleiner Zauberer ihr in den ersten Tagen helfen kann, sich bei uns wohler zu fühlen, darf sie ihn gerne mitbringen. Ich bin sicher, das verstehen jetzt alle."

Bei den letzten Worten schaut sie Jan an, der verlegen wird und den Blick senkt.

„Ich schlage vor, dass sich Anne erst mal neben Leonie setzt", sagt Frau Sommer und zeigt auf den freien Platz.

Annes Beine sind weich wie Pudding. Sie ist froh, als sie sich endlich setzen kann. Und Leonie begrüßt sie mit einem Lächeln.

Höllenschlund und Teufelsschwanz

Heute kommen Elisa und Sandy als Erste zum Spielplatz.
Sie haben etwas vor, das sieht man ihnen schon von
Weitem an den Nasenspitzen an.

Zuerst bindet Elisa einen Faden an der Schaukel fest und
versteckt das andere Ende hinter einem Busch. Dann stellt
sie sich neben einen Baum und macht für Sandy eine
Räuberleiter. Sandy steigt hoch und legt ein paar Gummibärchen auf den untersten Ast. „Fertig", sagt sie und springt
ab.

„Jetzt setzen wir uns in den Sandkasten und warten, bis
jemand kommt", schlägt Elisa vor.

Es dauert nicht lange, da biegt Marvin auf seinem Fahrrad
um die Ecke. Er bremst neben dem Sandkasten, dass die
Kieselsteine hochfliegen.

„He, spinnst du!", ruft Sandy.

„Ich nicht, aber du", gibt Marvin zurück.

„Pass auf, gleich zaubere ich dein Fahrrad weg!", droht
Sandy.

Marvin zeigt ihr einen Vogel. „Du kannst doch nicht
zaubern!"

„Wetten, dass …", sagt Sandy. Sie gibt Elisa ein Zeichen
und beide stehen auf.

Sandy guckt Elisa in die Augen und sagt: „Höllenschlund
und Teufelsschwanz, Geisterstunde und Hexentanz,
dreimal bum, du fällst jetzt um!" Gleichzeitig tippt sie mit
ihrem Zauberstab dreimal gegen Elisas Stirn. Elisa fällt
rückwärts in den Sandkasten und rührt sich nicht mehr.

Marvin ist überrascht, fängt sich aber schnell wieder.

„Das ist doch nur ein dummer Trick. Das habt ihr abgesprochen. Aber mich könnt ihr damit nicht reinlegen."

Sandy sagt nichts. Sie berührt Elisa mit ihrem Zauberstab und erweckt sie damit wieder zum Leben.

„Ich muss mal", sagt Elisa und verschwindet hinter dem Busch.

„Siehst du die Schaukel?", fragt Sandy.

„Klar", antwortet Marvin.

„Dann pass mal gut auf!" Sandy murmelt wieder einen Zauberspruch, zeigt mit ihrem Zauberstab zu der Schaukel – und die fängt langsam an zu schaukeln.

Marvin traut seinen Augen nicht. „Das … das gibt's doch nicht", stammelt er.

Sandy grinst. Sie geht zu dem Baum und fragt Marvin:

„Möchtest du ein paar Gummibärchen?"

Marvin nickt nur.

„Dann komm her!"

Marvin stellt sich unter den Baum. Er hört Sandys Zauberspruch, sieht, wie sie mit ihrem Zauberstab den untersten

179

Ast wackeln lässt, und schon purzeln die Gummibärchen auf ihn herab.

„Die schenk ich dir“, sagt Sandy großzügig.

Marvin starrt Sandy an, als sei sie eine leibhaftige Hexe.

„Jetzt zaubere ich dein Fahrrad weg!“, sagt Sandy.

„Nein!“, ruft Marvin, schwingt sich auf sein Rad und flüchtet, so schnell er kann.

Der Geheimplatz

Axel und Kai fahren mit ihren Rädern aus dem Dorf, über einen holprigen Feldweg bis zum Hexenwald. Am Waldrand stellen sie ihre Räder ab und gehen zu Fuß weiter. Auf dem Weg zu ihrem Geheimplatz hören sie eine Motorsäge. Einen Augenblick bleiben sie stehen, sehen sich an und horchen.

„Komm!", sagt Axel und läuft, so schnell es geht, durch den Wald. Kai kann ihm kaum folgen.

Als sie sich ihrem Geheimplatz nähern, wird die Motorsäge immer lauter – und plötzlich ist es ganz still.

„Achtung, Baum fällt!", ruft ein Mann.

Axel und Kai bleiben wie angewurzelt stehen. Und bevor sie richtig begreifen, was passiert, donnert der Baum wenige Schritte neben ihnen zu Boden.

„Puh!", macht Kai. „Das war Glück!"

„Glück?", sagt Axel. „Das war unser Baum."

Nach dem Bad

Sonntag war zwar ein ungewöhnlicher Name für einen
Hund, aber außer dem Namen war nichts ungewöhnlich an
ihm. Er mochte es, wenn ihn jemand streichelte, jagte gern
hinter Bällen und Stöckchen her. Er mochte es nicht, wenn
man ihn allein im Haus ließ, konnte Leinen nicht ausstehen
und hasste es, in eine Wanne gestellt und gebadet zu
werden. Dabei war es nicht so sehr das Wasser, das er
verabscheute, sondern wie er hinterher roch. Nach Seife,
Shampoo und Sauberkeit, aber nicht mehr nach Hund.
Deswegen wehrte er sich jedes Mal aus Leibeskräften,
wenn ihn jemand baden wollte.
Bei Frau Bäumler schaffte Sonntag es auch meistens zu
entwischen. Aber Herr Bäumler packte so fest zu, dass
Sonntag keine Chance hatte.
Nach dem Bad schämte sich Sonntag immer. Was würden
nur die anderen Hunde sagen, wenn er so roch? So durfte
ihn keiner beschnuppern, das stand für Sonntag fest.
Deswegen wartete er nur auf eine Gelegenheit zum
Entwischen.
Draußen wälzte er sich dann im Gras und im Blumenbeet.
Noch lieber war ihm eine Pfütze. In ihr wälzte er sich, bis
der ekelhafte Geruch verschwunden war und er beinahe
wieder wie ein Hund roch. So konnte er zu den anderen
Hunden gehen, so ließen sie ihn mitspielen. Und er vergaß
Herrn und Frau Bäumler.
Erst auf dem Heimweg dachte Sonntag wieder an sie.
Deswegen schlich er erst mal zur Hintertür, die manchmal

182

offen stand, sodass er heimlich ins Haus konntc. Wenn sie zu war, blieb ihm nichts anderes übrig, als sich irgendwann an der Haustür bemerkbar zu machen, obwohl er natürlich ahnte, was das bedeutete.

Kaum wurde die Tür geöffnet, rief jemand: „Sonntag, wie siehst du denn wieder aus? Du bist ein richtiges Ferkel! Los, in die Wanne mit dir!"

War es die Stimme von Frau Bäumler, hatte Sonntag eine Chance zu entwischen. War es Herr Bäumler, begann alles wieder von vorn.

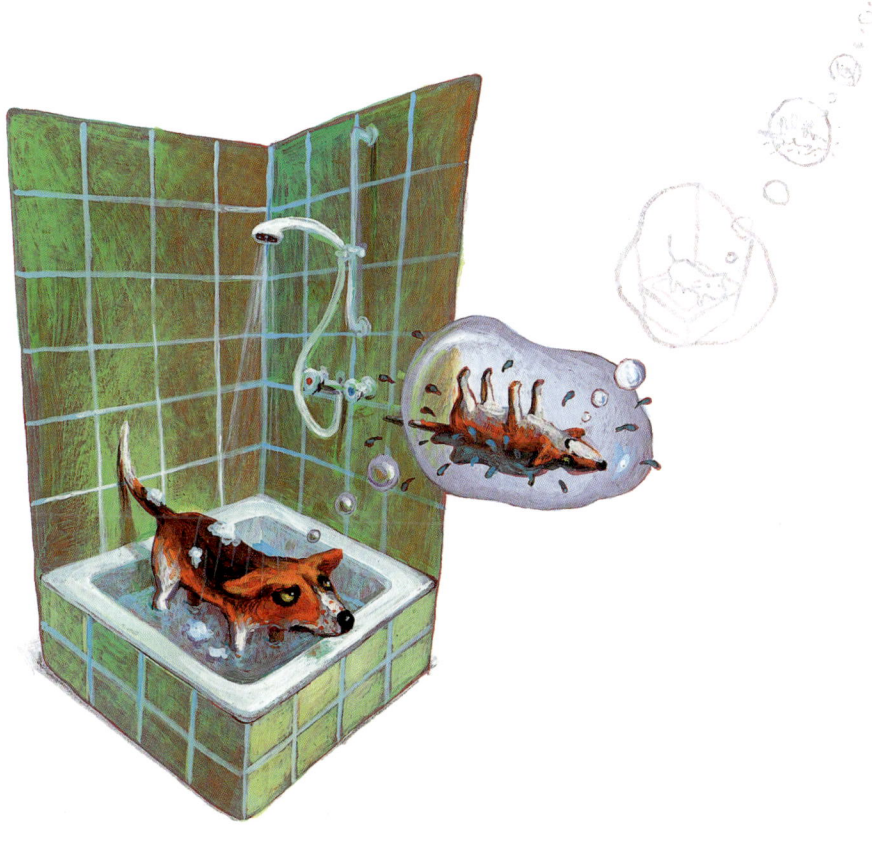

Ein Morgenmuffel

In der dunklen Jahreszeit kommt Philipp morgens kaum
aus dem Bett. Mama muss ihn mindestens dreimal wecken,
bis er die Augen langsam aufbringt.
Schlaftrunken schlurft er in die Küche.
„Guten Morgen, mein Schatz", sagt Mama und gibt Philipp
einen Klaps.
Philipp brummt etwas vor sich hin, was ebenso
„Guten Morgen, Mama"
wie „Lass mich
in Ruhe" heißen
könnte.

„Wir können gleich frühstücken." Mama schiebt zwei
Scheiben Toast in den Toaster. „Deine Milch ist schon
warm."

Philipp schüttet zwei Löffel Kakaopulver in seine Tasse.
Als Mama nicht guckt, schüttet er schnell noch einen vollen
Löffel dazu. Mama gießt Milch drüber und Philipp trägt die
Tasse zum Tisch. Dort schlürft er genüsslich von seinem
Kakao. Wenn er kein solcher Morgenmuffel wäre, würde er
jetzt grinsen, weil er seine Mama wieder mal ausgetrickst
hat. Aber um diese Zeit ist ihm das Grinsen noch zu
anstrengend.
Nach dem Frühstück soll Philipp ins Bad. Obwohl es nur
wenige Meter sind, braucht er dazu ewig lang. Zuerst
entdeckt er eine Spinne an der Wand und will wissen, wie
viele Beine sie hat. Als er es weiß, sieht er sein Rennauto
auf dem Boden liegen und fährt ein paar Runden damit.
Dann muss er nachschauen, ob seine neuen Turnschuhe
noch da sind.
Mama kommt aus der Küche und sieht ihren Sohn vor dem
Schuhschrank stehen. „Philipp, was machst du denn da?"
Philipp erschrickt so, dass ihm die Schuhe aus den Händen
fallen.
„Du trödelst und trödelst, bis du zu spät kommst!"
„Ich komme nicht zu spät!" Philipp lässt die Turnschuhe
liegen und trottet ins Bad. „Blöde Mama!", brummt er.
Philipp dreht den Wasserhahn auf, hält den Waschlappen
und den Zahnbecher drunter. Mit der Zahnbürste klappert
er wie wild im Becher herum. Dann nimmt er einen
Schluck Wasser und gurgelt, so laut er kann.
Als Philipp wieder in die Küche kommt, belegt Mama
gerade sein Pausenbrot. „Nun mach aber bitte vorwärts",
sagt sie.

185

Philipp zieht sich an, schwingt seinen Schulranzen auf den
Rücken und will los.

„Halt, warte!", ruft Mama. „Du bist ja noch gar nicht
gekämmt. Komm mit ins Bad." Sie schaut Philipp
stirnrunzelnd an. „Hast du dich überhaupt gewaschen?"

„Hm", macht Philipp nur, damit er weder Ja noch Nein
sagen muss. Denn anlügen möchte er seine Mama nicht.
Mama befühlt seinen Waschlappen. „Na ja, dann ab mit
dir." Sie gibt ihm einen Klaps auf den Po. „Und mach's
gut."

„Du auch", sagt Philipp
und grinst nun doch.

Kleine Erwachsene

Lena und Lisa sitzen zwischen ihren vielen
Spielen und Spielsachen im Kinderzimmer.
Sie können sich wieder einmal nicht einigen,
was sie spielen wollen. Jede hat mindestens schon zehn
Vorschläge gemacht, aber immer sagt die andere Nein.
„Nie spielst du mit mir, was ich will!", ruft Lisa. „Das ist
gemein!"
„Du bist selbst gemein!", wehrt sich Lena.
„Und du bist eine ganz blöde Kuh!", schreit Lisa.
In diesem Augenblick geht die Tür auf.
„Opa! Opa!", ruft Lisa. „Die spielt nie mit mir!"
„Du willst auch immer so blöde Sachen spielen!", ruft
Lena.
„Ist ja gar nicht wahr, du …"
„Haaalt!", ruft Opa Jürgen dazwischen.
Lena und Lisa sind tatsächlich still. Das nutzt Opa Jürgen
aus.
„Ihr habt doch so viele schöne Spielsachen. Warum streitet
ihr mehr darüber, als dass ihr damit spielt?"
„Die meisten Spiele sind blöd", meckert Lena.
„Na, na, na", sagt Opa Jürgen. „Ich glaube eher, ihr habt
einfach zu viele Spielsachen! Als ich so alt war wie ihr, gab
es dieses Problem noch nicht. Wir hatten nämlich nicht
viele Spielsachen und noch weniger Zeit zum Spielen."
„Warum nicht?", fragt Lisa.
Opa Jürgen setzt sich zwischen Lena und Lisa. „Spielsachen
konnten meine Eltern nicht kaufen. Dafür reichte das Geld

187

nicht. Wir hatten ja nur unseren kleinen Bauernhof. Der war zu klein, um unsere Familie zu ernähren. Deswegen musste mein Vater auch noch in einer Fabrik arbeiten, damit wenigstens ein bisschen Geld ins Haus kam. Und wir Kinder mussten schon früh auf dem Hof mithelfen. Da gab es immer viel zu tun. Kühe, Pferde, Schweine, Ziegen, Kaninchen, Gänse und Enten mussten gefüttert und ihre Ställe ausgemistet werden. Bei der Heu-, Getreide- und Kartoffelernte wurden wir alle gebraucht."

„Warum habt ihr denn keine Maschinen dafür genommen?",
fragt Lisa.

Opa Jürgen streicht ihr über den Kopf und lächelt. „Weil
es damals noch kaum Maschinen gab und weil sie für uns
zu teuer waren. Wir hatten nicht einmal einen Traktor.
Unsere erste Maschine war eine einfache Mähmaschine.
Die wurde von zwei Pferden gezogen. Von da an musste
mein Vater die Wiesen und das Getreide wenigstens nicht
mehr mit der Hand mähen. Aber die meisten anderen
Arbeiten mussten noch lange von Hand gemacht werden.
Heute fährt ein Bauer mit dem Traktor und einem
Heuwender über die Wiese und wendet in ein paar
Minuten das Heu. Wir haben für die gleiche Arbeit mit
der Heugabel ein paar Stunden gebraucht. Und weil es
auf einem Bauernhof immer Arbeit gab, hatten wir nur
wenig Zeit zum Spielen."

Lisa guckt ihren Opa an. „Warst du überhaupt ein richtiges
Kind?"

„Das ist eine gute Frage", sagt Opa Jürgen nachdenklich.
„War ich überhaupt ein Kind?", wiederholt er. „So wie ihr
sicher nicht. Nein, so richtige Kinder waren wir eigentlich
nicht. Wir waren eher kleine Erwachsene."

„Seid ihr denn nicht in die Schule gegangen?", fragt Lena.

„Doch, das schon", sagt Opa Jürgen. „Aber nur acht Jahre.
Und wir haben lange nicht so viel gelernt wie ihr. Als ich
vierzehn war, musste ich in die Fabrik und Geld verdienen.
So wie die meisten. Dann war es mit der Kindheit und
dem Spielen endgültig vorbei."

Man sieht Lena und Lisa an, dass ihr Opa ihnen leidtut.

„Na ja, ich hab's überlebt", sagt er. „Aber ihr habt es natürlich viel, viel schöner und besser." Er zwinkert den beiden zu. „Deswegen verstehe ich auch nicht, dass ihr so oft unzufrieden seid und streitet."

„Weil die immer …"

„Nein, die …"

Opa Jürgen hält sich die Ohren zu.

Ein Schneelöwe

Seit einem halben Jahr lebt ein junger Löwe im Zoo.
Wie jeden Tag dreht er vor der Fütterung im Raubtierhaus
noch ein paar Runden durchs Freigehege. Da sieht er
etwas Weißes vom Himmel schweben und bleibt staunend
stehen.

„Was ist denn das?", fragt er.

„Das weißt du nicht?" Der Elefant im Gehege nebenan
trompetet laut. „Und du willst unser König sein!"

„Das weiß doch jeder Affe!", ruft ein Schimpanse vom
Kletterbaum herunter. „Das sind Schneeflocken!"

„Schneeflocken haben in meinem Gehege nichts zu
suchen", knurrt der junge Löwe. „Verschwindet sofort,
sonst fresse ich euch alle auf!"

191

„Guten Appetit!", kreischt der Schimpanse.

„Pass auf, dass du dich nicht überanstrengst!", ruft der
Elefant über den Zaun.

„Wegen so ein paar lächerlichen Schneeflocken?", sagt der
Löwe. „Dass ich nicht lache!" Er schlägt mit seiner mächtigen Pranke nach ihnen und schnappt sie mit seinem großen
Maul. „Die sind ja so winzig und leicht, davon kann ich
eine Million verschlingen und bin immer noch nicht satt."

„Dann verschling sie mal schön, du großer König!", ruft
der Elefant.

„Sei froh, dass ein Zaun zwischen uns ist, sonst würde ich
dich zum Nachtisch fressen!", prahlt der junge Löwe.

Der Elefant lacht. „Du schaffst ja nicht mal die winzigen
Schneeflocken, du Angeber."

Das will der junge Löwe natürlich nicht auf sich sitzen lassen. Er rennt kreuz und quer durchs Gehege und jagt die Schneeflocken. Doch es dauert nicht lange, bis er völlig erschöpft im Raubtierhaus verschwindet.

Erst am nächsten Tag kommt er wieder heraus – und traut seinen Augen nicht. Alles ist weiß.

„Na, du großer Jäger", begrüßt ihn der Elefant. „Warum hast du die Schneeflocken gestern denn nicht alle aufgefressen?"

„Die waren dem König der Tiere bestimmt zu klein", spottet der Schimpanse auf seinem Kletterbaum.

„Genau", sagt der junge Löwe. „Mit solchen Winzlingen gebe ich mich doch nicht ab." Damit an seinen Worten auch niemand zweifelt, brüllt er so laut, dass die Wände des Raubtierhauses wackeln. Gleichzeitig beginnt der Schnee auf dem Dach zu rutschen – und eine kleine Lawine stürzt über den jungen Löwen. Nur noch Kopf und Schwanz sind zu sehen. Der junge Löwe ruft ängstlich um Hilfe.

„Du wirst doch mit so ein paar Winzlingen noch fertig werden", neckt ihn der Schimpanse.

Der junge Löwe schlägt mit dem Schwanz und beißt wütend in den Schnee. Aber er schafft es nicht, sich zu befreien, und fängt zu jammern an.

Das hört die große Löwin und kommt angetrabt. Zuerst leckt sie dem jungen Löwen das Gesicht, dann buddelt sie ihn frei. Sofort läuft er ins Raubtierhaus und kommt erst wieder heraus, als die Sonne auch den letzten Schneerest weggeschmolzen hat.

Minimax

Überall in der Stadt hingen schon seit Wochen Plakate und kündigten den weltbekannten Flohzirkus Minimax an. Die Kinder freuten sich ganz besonders, denn ein Flohzirkus war bisher noch nie in ihrer Stadt gewesen.

Am Montagnachmittag gab es eine Extravorstellung nur für Kinder. Die strömten zum Festplatz und waren zuerst einmal ziemlich überrascht, als sie nirgendwo ein Zirkuszelt sahen.

Mitten auf dem Festplatz standen ein großer Tisch und drum herum viele Stühle. Auf dem Tisch war eine Mini-manege mit Hochseil und Trapez aufgebaut. Genau wie in einem richtigen Zirkus, nur viel, viel kleiner. An der Kasse bekam jedes Kind ein Fernglas ausgeliehen, damit es die winzigen Artisten überhaupt sehen konnte.

Mit einem Trommelwirbel begann die Vorstellung. Der Zirkusdirektor begrüßte die Kinder und sagte die erste Nummer an.

Dann öffnete er ein kleines Schächtelchen und ließ die Ballettgruppe in die Manege. Sofort wuselten die Flöhe auf ihre Plätze, und mit dem ersten Takt der Musik schwangen sie ihre winzigen Beinchen. Das sah lustig aus, und die Kinder waren begeistert.

Als Nächstes kletterten drei Flöhe auf das Hochseil. Zuerst balancierten sie einzeln über den dünnen Faden. Dabei schlugen sie mehrere Purzelbäume. Dann hüpfte ein Floh dem anderen auf den Rücken und wollte zur anderen Seite getragen werden. Dort wartete schon der dritte und sprang

dem zweiten auf den Rücken. Ein Trommelwirbel setzte
ein, die Kinder wagten kaum noch zu atmen. Der unterste
Floh setzte vorsichtig Fuß vor Fuß. Auf halbem Weg
wackelte er bedenklich, blieb stehen und fing an zu wippen.
Plötzlich sprangen die oberen Flöhe nacheinander ab,
drehten fünffache Saltos und landeten sicher auf dem
Faden. Auch sie erhielten für ihre tolle Leistung viel Beifall.
Bei der nächsten Nummer versuchten alle Flöhe, einen
lebenden Turm zu bilden. Die größten standen unten und
trugen die kleineren. Als der Turm schon ziemlich hoch
war, kletterten die Flohkinder hinauf zur Spitze. In diesem
Augenblick kam ein Windstoß und wirbelte die Flöhe
durch die Luft. Die meisten landeten in den Haaren und
Kleidern der Kinder. Weil sie sich dort wohler fühlten als
in der Manege, ließen sie sich auch nicht einfangen. Da
konnte der Zirkusdirektor bitten, betteln und drohen, so
viel er wollte. Es hatte alles keinen Zweck.
Damit war die Vorstellung leider beendet. Und es dauerte
nicht lange, da juckte es die Kinder überall. Weil Kinder
mit Flöhen nicht in die Schule dürfen, blieb diese für den
Rest der Woche geschlossen.

Die Kinder haben also nicht nur eine tolle Zirkusvor-stellung gesehen, die winzigen Artisten haben ihnen auch noch vier zusätzliche Ferientage verschafft. Wer wollte da schon über das bisschen Jucken klagen?

Lieblos

Vor langer, langer Zeit herrschte ein junger, sehr strenger und liebloser König über ein großes Land. Dieser König hatte in seinem jungen Leben keine Liebe erfahren und war so lieblos, dass er es nicht ertragen konnte, wenn seine Untertanen sich liebten und liebevoll miteinander umgingen. Deshalb ließ er die Liebe in den tiefsten Kerker des Schlosses sperren und von seinen besten Soldaten bewachen.

Die Menschen in dem großen Land wurden genauso lieblos wie ihr König und gingen nicht mehr liebevoll miteinander um. Im Alter von 39 Jahren wurde der König krank. Sein Leibarzt und alle anderen Ärzte, die ihn untersuchten, fanden die Ursache der Krankheit nicht und konnten ihm nicht helfen. Der König wurde schwächer und schwächer, verlor bald allen Lebensmut und starb noch vor seinem 40. Geburtstag. Auch nach dem Tod des Königs wurde der tiefste Kerker des Schlosses von Soldaten scharf bewacht. Bald aber wussten die Soldaten nicht mehr, warum sie vor dem Kerker Wache halten mussten. Und eines Tages konnte ein junger Soldat der Versuchung nicht mehr widerstehen. Neugierig schob er die Eisenriegel zurück und öffnete die

schwere Tür einen Spaltbreit. Sofort huschte die Liebe heraus und packte den jungen Soldaten so heftig, dass er es nicht mehr schaffte, lieblos zu sein und die Liebe wieder einzusperren. Sie befiel in Windeseile auch die anderen Soldaten im Schloss, ebenso die Zofen und Diener, die Köchinnen und Köche, die Hofdamen und Minister und zuletzt auch den neuen König. Die Liebe ließ sich nicht mehr aufhalten, verbreitete sich im ganzen Land, und bald waren die Menschen wieder so glücklich und zufrieden wie schon viele, viele Jahre nicht mehr.

Ein Tausendsassa

Flori ist ein Tausendsassa. So nennt ihn jedenfalls seine
Mama oft. Wenn er sie fragt, was denn ein Tausendsassa
sei, antwortet sie schmunzelnd: „Ein Junge wie du."
Flori ist ein netter Junge und hat sehr geschickte Hände.
Er arbeitet oft in Papas Werkstatt, hilft auch im Haus und
im Garten, aber am liebsten ist er auf dem Bauernhof am
Rande des Dorfes. Dort darf er sogar schon mit dem
Traktor fahren. Das ist für Flori das Größte. Deshalb will
er später unbedingt Landwirt werden.

Ein achtjähriger Junge kann natürlich nicht andauernd nur Traktor fahren, er muss auch in die Schule. Das ist für Flori ein Problem. Nicht weil er dumm ist, Flori kann nur nicht stundenlang still sitzen und zuhören. Wenn die Lehrerin etwas erklärt, gehen Floris Gedanken öfter spazieren. Meistens wandern sie zum Bauernhof. So ist es kein Wunder, dass Floris Noten nicht besonders gut sind. Deswegen gibt es zu Hause auch manchmal Ärger. Vor allem Papa meckert oft an Flori herum. Und heute muss Flori seinen Eltern eine Mathearbeit zeigen, unter der eine Fünf steht!

Vielleicht zeige ich sie auch erst morgen, denkt er auf dem Heimweg.

Als Papa beim Mittagessen fragt, wie es in der Schule gewesen sei, antwortet Flori mit einer Gegenfrage:

„Habt ihr mich auch noch lieb, wenn ich mal eine Sechs schreibe?"

„Hast du etwa eine Sechs geschrieben?", fragt Papa sofort.

Flori schüttelt heftig den Kopf.

„Das möchte ich auch nicht hoffen", sagt Papa und isst weiter von seiner Suppe.

Flori schmeckt die Suppe nicht.

Mama schaut ihn an und sagt: „Wir würden uns über eine Sechs natürlich nicht freuen, aber wir haben dich gleich lieb, ob du eine Sechs oder eine Eins schreibst. Das ist vollkommen egal."

„Und bei einer Fünf?", fragt Flori leise.

„Du bist unser kleiner Tausendsassa, egal was du für Noten schreibst", beruhigt ihn Mama.

Da steht Flori auf, holt sein Matheheft und legt es wortlos auf den Tisch.

Papa durchblättert es, sucht die letzte Arbeit und murmelt: „So was hab ich mir fast schon gedacht." Er gibt Mama das Heft.

„Das ist natürlich nicht so gut", sagt sie und streicht Flori über den Kopf. „Ich glaube, wir müssen in nächster Zeit mit dir Mathe üben. Ein Landwirt muss nämlich nicht nur Traktor fahren, er muss auch rechnen können, das darfst du nicht vergessen."

„Genau", stimmt Papa ihr zu. „Du wirst dich also mehr auf deinen Hosenboden setzen und nicht immer tausend andere Sachen machen. Für die nächste Arbeit musst du einfach mehr lernen. Mama und ich helfen dir dabei."

Flori nickt. Er ist froh, dass er die Arbeit gleich heute gezeigt und nicht bis morgen gewartet hat. Jetzt schmeckt ihm sogar die Suppe wieder.

Zerbrochen

Gestern Nachmittag habe ich einen Spaziergang gemacht. Ich gehe gern spazieren, wenn die Welt aussieht, als wäre sie mit Puderzucker bestäubt. Und gestern Nachmittag sah sie so aus.

Ich weiß natürlich, dass es kein Puderzucker, sondern Schnee ist. Aber ich stelle mir vor, es wäre Puderzucker. Dann gefällt mir die Welt gleich doppelt gut. So zart überzuckert sieht sie aus wie ein Kuchen. Nicht wie irgendein Kuchen, nein, nein. Die Welt sieht aus wie der Geburtstagskuchen, den meine Mutter für mich gebacken hat, als ich sechs Jahre alt wurde. Es war der schönste Kuchen, den ich in meinem langen Leben gesehen habe. Er sah aus wie eine kleine Welt im Winter.

Bei meiner Geburtstagsfeier sollte ich den Kuchen anschneiden, aber ich brachte es nicht übers Herz, aus diesem Kunstwerk ein Stück zu schneiden. Als mein Vater es für mich tun wollte, bekam ich einen Weinkrampf.

So blieb meine kleine Welt unverletzt und bekam einen Ehrenplatz in meinem Zimmer.

Vier Jahre später zogen meine Eltern mit mir aus unserem Dorf fort. Beim Umzug stolperte ich über ein Kabel, mein Kuchen fiel mir aus den Händen und zerbrach. Ich war untröstlich.

Auch das Versprechen meiner Mutter, mir gleich nach dem Einzug in die neue Wohnung einen neuen Kuchen zu backen, half nichts. Für mich war mehr als nur mein Kuchen zerbrochen.

An all das muss ich immer denken, wenn die Welt aussieht, als wäre sie mit Puderzucker bestäubt. Und deswegen gehe ich so gern spazieren, wenn der erste Schnee fällt.

Die Lösung

Am Freitagmorgen trödelt Melanie auf dem Schulweg
und kommt ein paar Minuten zu spät. Vorsichtig öffnet sie
die Tür – und traut ihren Augen nicht. In den Schulbänken
sitzen nicht die Mädchen und Jungen der Klasse 2a,
sondern ihre Eltern. Und die Lehrerin ist auch nicht da.
Weil kein anderer Platz mehr frei ist, setzt sich Melanie auf
den Stuhl der Lehrerin.
Ein Vater mit Vollbart schnipst mit den Fingern. „Frau
Lehrerin, was sollen wir jetzt machen?“
Melanie überlegt einen Augenblick, dann sagt sie: „Nehmt
euer Rechenheft, ich gebe euch eine Aufgabe.“ Sie lächelt.
„Die Aufgabe heißt: Ein Kind möchte jeden Tag ein
Päckchen Kaugummi, ein Überraschungsei und ein Eis
kaufen, außerdem einmal in der Woche ins Kinderkino.
Wie viel Taschengeld braucht das Kind?“
Die Eltern fangen an zu rechnen. Einige stöhnen, andere
murren.
„Ich kann's nicht“, sagt ein Vater.
„Ich bringe sieben Euro heraus“, ruft jemand.
„Ich zwölf, aber das kann nicht stimmen.“
„Was sollen wir nur tun, Frau Lehrerin?“, fragt der Vater
mit dem Vollbart ratlos.
„Das ist doch ganz einfach“, erklärt Melanie. „Ihr kauft jetzt
alle euren Kindern sieben Päckchen Kaugummi, sieben
Überraschungseier, sieben Portionen Eis und eine Karte
fürs Kinderkino. Dann wisst ihr, wie viel Taschengeld sie
in der Woche brauchen!“

Noch mal von vorn

Ferdinand steht vor der Wohnzimmertür und zählt. „Eins, zwei, drei, vier … Bei zehn geh ich hinein … neun, zehn, elf, zwölf …

Ferdinand schaut sich um.

„Also bis zwanzig. Dann tu ich's … dreizehn, vierzehn … Papa wird bestimmt wieder schimpfen … neunzehn, zwanzig … einundzwanzig, zweiundzwanzig … Zum Glück ist Mama da."

Ferdinand bewegt vorsichtig die Finger seiner linken Hand. Er spürt das Papier. Es ist noch da.

„Und ich muss es ihm zeigen. Deutsch 5, Mathe 5. Nicht versetzt."

Wieder schaut sich Ferdinand um.

„Ich fang noch mal von vorne an. Eins, zwei, drei … Soll er doch mit mir schimpfen oder mich auslachen oder verprügeln oder alles zusammen. Ist mir doch egal … acht, neun, zehn!"

Langsam hebt Ferdinand den rechten Arm. Seine Finger umschließen die Türklinke.

„Jetzt tu ich's. Ganz bestimmt." Doch bevor Ferdinand es schafft, hört er drinnen Schritte. Plötzlich wird die Tür geöffnet, und sein Vater steht vor ihm.

Wortlos streckt Ferdinand ihm das Zeugnis entgegen.

Der Vater nimmt es und liest es durch. Dann schaut er Ferdinand an. „Schlimm, was?"

Ferdinand nickt.

Ein kluger Junge

In der vierten Stunde hat die Klasse Sport. Einige Kinder freuen sich darauf, andere nicht.

Max murmelt: „Sport ist doof. Ich würde lieber rechnen, schreiben oder lesen." Frau Schmidt hat das gehört und sagt: „Sport ist sehr wichtig, auch für einen Denker wie dich, Max. Dein Körper muss genauso trainiert und gepflegt werden wie dein Verstand. Sonst macht er schnell schlapp."

„Trotzdem", brummt Max nur.

Auf dem Sportplatz müssen sich die Kinder erst mal warm laufen. Dann ist Gymnastik dran.

„Das ist langweilig", mault Alexander, der lieber Fußball spielen möchte.

„Wer sich nicht richtig warm macht, kann sich leicht verletzen", erklärt die Lehrerin. „Kalte Muskeln und Sehnen können nämlich schnell reißen."

„Meine reißen nicht", meint Alexander.

„Hoffentlich", sagt Frau Schmidt. Dann bildet sie vier Gruppen für ein Staffelrennen.

Max gehört zu der zweiten Gruppe.

„Mit dem gewinnen wir ja sowieso nicht", meckert Alexander. Er läuft als Erster seiner Gruppe und übergibt den Stab mit großem Vorsprung an Lea. Sie und Ömer halten den Vorsprung. Aber Max verliert Meter um Meter. Anfangs feuern ihn die andern noch an, doch bald schimpfen sie nur noch über „die lahme Ente". Max wird von allen überholt und wechselt als Letzter zu der

Schlussläuferin Sarah, die Katrin und Ivo überholen kann
und den dritten Platz rettet.

Auch ein paar andere Kinder sind nicht schneller gelaufen
als Max. Beim Weitsprung schaffen einige es sogar kaum
bis in die Grube. Und bei der abschließenden Stadionrunde
geben manche schon nach der Hälfte auf und lassen sich
erschöpft auf den Rasen fallen.

Frau Schmidt versammelt die Kinder um sich und fragt:
„Was esst ihr denn am liebsten?"

„Pizza! Currywurst mit Pommes! Eis! Schokolade! Alles bei
McDonald's! Schnitzel! Pudding!", und noch einiges mehr
rufen die Kinder durcheinander.

Frau Schmidt lächelt. „Das sind alles Sachen, die lecker
schmecken und die ich auch gern esse – aber nicht zu oft!
Unsere Körper brauchen nämlich vor allem andere Lebens-

mittel, damit wir gesund bleiben und nicht so schnell schlappmachen."

„Ich weiß schon", murmelt Max, „Vollkornbrot, Müsli, Obst, Joghurt und solche Sachen."

„Du bist ein kluger Junge", sagt die Lehrerin und streicht Max über den Kopf.

Unglaublich

Julia und Paul hatten am Nachmittag einen schönen
Schneemann gebaut und ihn Fridolin getauft. Er stand
mitten im Garten und schaute zum Haus. Von dort winkten
Julia und Paul ihm zu, als sie am Abend ins Bett gingen.
Fridolin stand unbeweglich an seinem Platz.
Das änderte sich um Mitternacht. Kaum schlug die
Kirchturmuhr zwölfmal, kam Leben in den Schneemann.
Er reckte und streckte sich, als habe er lange geschlafen.
Dann warf er den Besen weg, trippelte durch den Garten
und auf die Straße. Dort traf er einen kleinen Schneemann.

„Was willst du hier?", fragte Fridolin.

„Ich suche eine Schneefrau."

„Ich auch", sagte Fridolin.

Die beiden gingen zusammen weiter, bis ihnen ein dritter Schneemann begegnete.

„Suchst du etwa auch eine Schneefrau?", fragte Fridolin.

„Was denn sonst?", brummte der Schneemann. „Aber ich suche meine allein, ist das klar?" Und schon ging er weiter.

„So ein unfreundlicher Kerl", murmelte Fridolin.

„Ich glaube, es ist besser, wenn wir beide uns auch trennen", sagte der kleine Schneemann und verschwand schnell in einer Seitenstraße.

Also setzte Fridolin die Suche nach einer Schneefrau allein fort. Er trippelte die ganze Nacht durch die Straßen, begegnete vielen Schneemännern und ein paar Schnee-hunden, Schneekatzen, Schneeponys, Schneeautos – aber keiner Schneefrau. Und den anderen Schneemännern ging es ebenso. Nur einer hatte Glück gehabt und auf einem Spielplatz eine Schneefrau entdeckt. Ihr fehlte zwar ein Arm, aber das störte den glücklichen Schneemann nicht.

„Was denken sich die Kinder eigentlich?", fragte Fridolin vorwurfsvoll. „Bauen hundert Schneemänner und eine Schneefrau. Das ist doch unglaublich!" Weil er so wütend war, ging Fridolin nicht in seinen Garten zurück, sondern blieb einfach stehen, wo er gerade stand.

Am nächsten Morgen wollten Julia und Paul ihrem Schneemann gleich nach dem Aufstehen vom Fenster aus zuwinken und trauten ihren Augen nicht.

„Mama, unser Schneemann ist weg!", riefen sie.

„Wie weg?"

„Er ist nicht mehr da."

„Das kann nicht sein." Mama kam zum Fenster und schaute hinaus.

„Glaubst du uns jetzt?", fragte Julia.

„Hast du ihn weggemacht?", fragte Paul.

„Quatsch", sagte Mama. „Warum sollte ich denn euren Schneemann wegmachen?"

„Vielleicht ist er ja geschmolzen", vermutete Julia. „Der Besen liegt ja noch da."

Mama schüttelte den Kopf. „Es war sehr kalt in der Nacht, da schmilzt ein Schneemann nicht."

„Und wo ist er dann?", wollte Paul wissen.

Aber diese Frage konnte Mama nicht beantworten.

Nach dem Frühstück gingen Julia und Paul in den Garten. Sie rollten wieder Schnee zu Kugeln zusammen und setzten sie aufeinander. Als sie fast fertig waren, kicherte Paul und sagte: „Weißt du was, wir machen unserem Schneemann einen Busen, dann ist er eine Schneefrau."

Julia war sofort einverstanden. Sie formten zwei kleine Kugeln und pappten sie über dem Bauch fest. Dann holte Julia ein Tuch und band es der Schneefrau um den Kopf. Und an den Arm hängten sie eine alte Handtasche von Mama.

„Schön", sagte Julia. „Die gefällt mir besser als unser Schneemann."

Paul nickte. „Mir auch."

Als die beiden am Abend ins Bett gingen, winkten sie ihrer

213

Schneefrau, die sie Friederike getauft hatten, noch einmal zu. Und sie hofften natürlich sehr, dass Friederike in der Nacht nicht auch verschwinden würde.

Am nächsten Morgen liefen Julia und Paul nach dem Aufstehen sofort zum Fenster und trauten ihren Augen nicht. Fridolin war wieder da! Er stand neben Friederike, als wäre er nie weg gewesen.
Julia, Paul und Mama suchen bis heute nach einer Erklärung, wie so etwas möglich ist. Wenn du sie triffst, kannst du ihnen ja mal einen kleinen Tipp geben.

Passende Namen

Kai liest gern Indianergeschichten. In seinem Regal stehen dreizehn Indianerbücher. Und aus der Bücherei hat er noch viel mehr ausgeliehen. Er mag die Geschichten nicht nur, weil sie meistens schön spannend sind, ihm gefallen besonders die Namen der Indianer. Sie heißen nicht einfach Kai, Lukas, Maximilian, Daniel, Tim oder so ähnlich. Nein, sie haben viel schönere Namen, findet Kai jedenfalls. Schneller Hirsch, Großer weiser Adler, Rollender Stein ohne Moos, Starker Büffel, Am Himmel leuchtender Mond, das klingt doch toll.

Wenn Kai in einer Geschichte solche Namen liest, hat er sofort eine Vorstellung von den Männern. Er ahnt schon etwas davon, wie sie sind und was sie von den anderen unterscheidet.

Wenn er seinen Namen nennt, hört daran niemand, was ihn von Lukas, Maximilian, Daniel, Tim und allen anderen unterscheidet. Deswegen möchte Kai gern einen anderen Namen, einen, der etwas mit ihm zu tun hat.

Kai hat lange darüber nachgedacht. Bunter hüpfender Ball würde gut zu ihm passen, meint er. Viel besser als Kai. Das sagt er auch seinen Eltern.

„Bunter hüpfender Ball", wiederholt Papa und guckt Kai von oben bis unten an. „Na ja, ganz Unrecht hast du nicht. Bunter hüpfender Ball würde nicht schlecht zu dir passen."

„Sag ich doch."

„Und wie sollte ich deiner Meinung nach heißen?", fragt Papa.

„Vielleicht Mutiger Löwe?"

Mama kichert.

Papa nimmt sie in die Arme und hebt sie hoch. „Bin ich etwa kein mutiger Löwe?", fragt er und dreht sich mit ihr im Kreis. Dabei stolpert er und lässt Mama los, die sich gerade noch am Tisch festhalten kann.

„Du bist eher ein stolpernder Tollpatsch", neckt sie ihn.

„Na warte!", droht er und tut so, als wolle er Mama wie ein Löwe beißen. Aber aus dem Biss wird ein schmatzender Kuss.

„Für Mama weiß ich einen passenden Namen", sagt Kai.

„Da bin ich aber gespannt", sagt Mama.

„Lieblich duftende Blume."

Mama nimmt Kai in die Arme und drückt ihn an sich.

„Danke, mein Schatz."

„Nicht schlecht", sagt Papa. „Lieblich duftende Blume wäre ein sehr schöner Name für dich, obwohl ich Anita auch ganz nett finde."

Mama lässt Kai wieder los. Papa guckt ihn erwartungsvoll an.

„Welchen Namen hast du dir denn für mich ausgedacht?"

„Brummender Bär", antwortet Kai und grinst.

Zwei ganz Wilde

Lena und Felix sind zwei ganz Wilde. Sie wollen immer kämpfen. Und wenn von den anderen Kindern keines Lust dazu hat, kämpfen sie einfach gegeneinander.
Seit drei Tagen haben Lena und Felix einen neuen Gegner. Er heißt Martin und ist schon 16 Jahre alt. Martin geht noch zur Schule und möchte vielleicht Erzieher werden. Deshalb hilft er zwei Wochen lang im Kindergarten, um zu sehen, ob ihm die Arbeit gefällt.
Jetzt steht Martin mitten auf der Spielwiese und schaut zwei Kindern zu, die am Holzturm klettern. Lena und Felix schleichen sich heimlich von hinten an. Auf Lenas Zeichen hin laufen beide mit wildem Geheul los, springen an Martin hoch und klammern sich an ihn wie zwei Äffchen.
„Hilfe!", ruft Martin.
„Ergib dich!", verlangt Felix.
„Niemals!", sagt Martin, zappelt mit den Beinen und fuchtelt mit den Armen. Aber Lena und Felix lassen nicht los.
Langsam sinkt Martin zu Boden, lässt sich auf den Rücken fallen und stöhnt: „Ich kann nicht mehr."
Lena und Felix setzen sich auf ihn und jubeln: „Gewonnen! Gewonnen! Wir haben Martin besiegt!"
Martin hebt den Kopf und fragt: „Lasst ihr mich jetzt wieder aufstehen?"
„Nur wenn du versprichst, dass wir dich morgen wieder besiegen dürfen", sagt Felix.
Martin zwinkert ihm zu. „Versprochen."

Sauer macht lustig

Bei Schneiders stand ein offenes Gurkenglas auf dem Tisch. Jemand hatte vergessen, das Glas wegzuräumen. Diese Gelegenheit nutzte eine Essiggurke. Sie kletterte aus dem Glas, flog durch die Küche und verschwand durch das Fenster.

Draußen drehte die Essiggurke vergnügt ein paar Runden, stieß beinahe mit einer Schwalbe zusammen und landete schließlich auf dem Fensterbrett des Nachbarhauses. Dort blieb sie eine Weile liegen und schaute sich um.

Frau Bierle öffnete ein Fenster. Die Essiggurke bemerkte es. Und da sie neugierig war, wollte sie genau wissen, was es hinter dem Fenster zu sehen gab. Sie wartete, bis Frau Bierle aus dem Zimmer ging, dann startete sie und schwebte durchs Fenster ins Zimmer. Da sah sie tolle Sachen: Puppen, Autos, Spiele, Stofftiere und noch viel mehr. Sie wollte natürlich alles ausprobieren. Zuerst spielte sie mit der Puppe, dann mit einem Rennauto, das sie auf dem Schreibtisch entdeckte. Dabei passierte es: Die Essiggurke sauste im Rennauto über den Schreibtisch, knallte mit einem Lexikon zusammen und wurde gegen ein Glas mit Limo geschleudert.

Das Glas fiel um, die Essiggurke stürzte mitsamt dem Rennauto vom Schreibtisch.

Frau Bierle hatte den Lärm gehört und kam herein. Da sah sie die Bescherung.

Die Essiggurke verschwand schnell unter dem Tisch. Aber es war zu spät. Frau Bierle hatte sie schon entdeckt.

„Was machst denn du da unten? Na warte, dich werde ich gleich haben!", rief sie und schnappte die Gurke.

Die strampelte und zappelte wie verrückt. Aber Frau Bierle hielt sie fest. Da spritzte die Essiggurke ihr etwas von ihrem sauren Saft ins Gesicht. Doch das machte Frau Bierle nichts aus. „Sauer macht lustig", sagte sie und aß die Essiggurke ratzeputz auf.

Unbezahlbar

Tina saß im Einkaufswagen und ließ sich von ihrer Mutter durch den Supermarkt fahren.

„Halt mal an!", rief Tina vor dem Regal mit den Süßigkeiten.

Aber die Mutter hielt nicht an. „Du hast von deinem Geburtstag noch genug Süßigkeiten."

„Aber nicht so gute", moserte Tina.

Die Mutter holte aus dem anderen Regal zwei Päckchen Kaffee und eine Dose Kaffeesahne. Dann schob sie den Wagen zur Kasse und legte die Sachen, die sie eingekauft hatte, auf das Förderband.

Tina wollte auch auf dem Förderband sitzen, und diesmal gab die Mutter nach.

Die Kassiererin tippte die Preise in ihre Maschine. Zum Schluss suchte und zog sie an Tina herum.

„Wo steht denn hier der Preis?", murmelte sie.

„Ich bin unbezahlbar", sagte Tina.

Gewusst wie!

Robin möchte was Süßes.

„Gleich gibt's Abendbrot", sagt Papa.

„Ich will aber lieber ein Bonbon."

Papa schüttelt den Kopf. „Wenn du Abendbrot gegessen hast."

„Ich hab aber keinen Hunger", brummt Robin.

„Dann brauchst du auch nichts Süßes mehr", sagt Papa. So was Blödes!

Robin läuft zu seiner Mama und versucht von ihr was Süßes zu bekommen.

Aber Mama redet genau wie Papa: Erst essen, dann was Süßes.

Das ist gemein! Immer wollen sie ihn so zum Essen zwingen. Aber heute schaffen sie das nicht.

„Dann esse ich heute überhaupt nichts mehr", sagt Robin. Er findet, das geschieht den Eltern recht.

Bist du mutig?

Die Mutter erzählt, wie eine Kollegin in der Fabrik von der Vorarbeiterin angeschnauzt wurde.

„Der hätte ich aber die Meinung gesagt", sagt der Vater.

„Bist du so mutig?", fragt Moritz.

Der Vater guckt Moritz an. „Ich fürchte nichts und niemand."

Moritz' große Schwester Tine lächelt. „Würdest du im Sommer, wenn es furchtbar heiß ist, in der Badehose ins Büro gehen?"

Der Vater räuspert sich. „In der Badehose nicht, weil sich das nicht gehört. Aber das hat nichts mit Mut zu tun, sondern mit Anstand."

„Würdest du dich dann im Sommer auf den Marktplatz stellen und ganz laut rufen: ‚Es schneit, es schneit!'?"

Der Vater tippt sich an die Stirn. „Ich bin doch nicht verrückt."

„Aber das wäre mutig", sagt Moritz. „Das würde ich mich nicht trauen."

„Das wäre nicht mutig, sondern bekloppt."

Tine überlegt. Dann fragt sie: „Würdest du ins Wasser springen, wenn jemand um Hilfe ruft?"

„Du weißt genau, dass ich nicht gut schwimmen kann – höchstens ein paar Züge."

„Gerade deshalb wäre es ja mutig", sagt Tine.

„Selbstmord wäre das", behauptet der Vater, „weil wir dann beide ersaufen würden. Und damit wäre niemandem geholfen, oder?"

„Aber vielleicht könntest du ihn retten", lässt Tine nicht locker. „Du kannst immerhin ein bisschen schwimmen."
„Ach was", brummt der Vater. „Es gibt Dinge, davon versteht ihr beiden einfach noch nichts."
Tine und Moritz schauen sich an. Heute ist mit Vater nicht zu reden.

In letzter Minute

Lene freut sich auf die Weihnachtsferien und auf die Tage bei Oma und Opa. Aber ganz besonders freut sie sich, dass ihre Mama und sie diesmal mit dem Zug fahren.

Am Samstagmorgen geht's los. Lene hat ihren Rucksack auf dem Rücken und ist furchtbar aufgeregt, denn sie ist noch nie mit dem Zug gefahren.

Am Eingang zu der großen Bahnhofshalle bleibt sie einen Augenblick mit offenem Mund stehen. Es wimmelt nur so von Leuten. Viele schleppen schwere Koffer und Taschen. Andere schieben voll beladene Gepäckwagen. Die meisten Leute haben es eilig.

„Warum rennen die denn so?", fragt Lene.

„Damit sie ihren Zug nicht verpassen", antwortet Mama. „Der wartet nämlich nicht."

„Und wenn man zu spät kommt?"

„Dann ist der Zug weg."

Vor einem Kiosk bleibt Lene stehen. „Hm, lecker", sagt sie, als sie die vielen Süßigkeiten sieht.

Mama tut so, als höre sie nichts. „Siehst du irgendwo eine Abfahrtstafel?", fragt sie.

Lene guckt ihre Mama verständnislos an.

„Da vorne ist eine", sagt Mama und nimmt Lene an die Hand, damit sie in dem Gewimmel nicht verloren geht.

Vor einem großen Plakat mit vielen Zahlen bleibt Mama stehen.

„Ich will nur gucken, auf welchem Gleis unser Zug fährt", sagt sie zu Lene.

„Ah, hier steht es. Er fährt auf Gleis 5. Um 10.07 Uhr. Das sind ja nur noch ein paar Minuten! Schnell, wir brauchen noch eine Fahrkarte!"

Mama läuft mit Lene zum Fahrkartenschalter. Als sie endlich an der Reihe sind, sagt Mama: „Einmal nach Nürnberg, bitte. Die Kleine braucht doch noch keine Karte, oder?"

Der Schalterbeamte schaut Lene an. „Wie alt bist du denn?"

„Acht."

„Schon acht", sagt er. „Toll! Dann gehst du ja schon in die zweite Klasse!"

Lene nickt stolz.

„Ich hab's eilig!", drängelt Mama und drückt ihm einen Geldschein in die Hand.

Als sie die Fahrkarte endlich hat, hetzt Mama mit Lene eine Treppe hinauf. Lene stolpert, tut sich weh und fängt zu weinen an. Mama zieht sie einfach hoch und weiter geht's.

Der Zugchef hat schon die Pfeife im Mund, als er Mama mit Lene herankeuchen sieht. Er wartet mit dem Pfiff noch, bis sie eingestiegen sind.

„Puh!", stöhnt Mama, stellt ihre schwere Tasche ab und drückt Lene an sich. „Tut mir leid, mein Schatz, aber du hast ja gesehen, wie knapp es war. Eine Minute später und der Zug wäre weg gewesen."

„Mein Bein tut weh", nuschelt Lene.

„Jetzt suchen wir erst mal einen Platz, dann sehe ich mir dein Bein an", sagt Mama.

Sie finden zum Glück zwei freie Plätze.

Lene stellt sich ans Fenster und schaut hinaus.

Mama hebt die Reisetasche in die Gepäckablage. Dann macht sie es sich bequem.

„Mama, ich muss mal", flüstert Lene.

Mama zieht die Augenbrauen hoch. „Dann komm mit!"

Das WC-Lämpchen am Ende des Wagens leuchtet rot.

„Besetzt", sagt Mama.

„Ich muss aber ganz dringend!"

Zum Glück leuchtet das rote WC-Lämpchen im nächsten Wagen nicht. Lene staunt, dass es im Zug eine richtige Toilette gibt.

„In den Zügen gibt es heute vieles", sagt Mama, als sie auf dem Weg zurück zu ihrem Abteil sind. „Dieser Zug hat sogar einen Bistrowagen, wo man etwas essen und trinken kann."

„Den möchte ich sehen", sagt Lene sofort.

Im Bistrowagen fragt Lene: „Gibt's hier auch Eis?"

„Ich denke schon."

„Essen wir ein Eis? Bitte, bitte! Dann tut mein Bein auch bestimmt nicht mehr weh."

Da kann Mama natürlich nicht Nein sagen.

Kein schöner Schluss

Auf einem Hühnerhof lebten fünfzehn junge Hühner. Eines dieser Hühner war so gierig, dass es sofort mit lautem Gegacker angelaufen kam, wenn ein anderes Huhn etwas zu picken oder gar einen Wurm gefunden hatte. Und wenn die Bäuerin Körner auf den Hühnerhof warf, wollte das gierige Huhn am liebsten alle für sich haben. Es pickte abwechselnd nach den Körnern und nach den anderen Hühnern, um sie wegzujagen.

So ging das jeden Tag von morgens bis abends. Die Bäuerin scheuchte das gierige Huhn zwar hin und wieder zur Seite, damit die andern auch einmal in Ruhe fressen konnten. Aber diese Ruhe dauerte nie lange.

Kaum war die Bäuerin nicht mehr da, kam das gierige Huhn angelaufen und hackte mit dem Schnabel so wild auf die anderen Hühner ein, dass die mit lautem Spektakel flüchteten.

So war es nicht verwunderlich, dass das gierige Huhn viel größer und kräftiger als die anderen Hühner wurde. Und je kräftiger es wurde, desto weniger trauten sich die anderen Hühner, nach Körnern, Käfern oder Würmern zu picken, wenn das gierige Huhn in der Nähe war. Und es war meistens in der Nähe. Selbst wenn es gar keinen Hunger hatte, fraß es die Körner lieber selbst, als sie den anderen Hühnern zu lassen.

Ich kann mir gut vorstellen, was du dir jetzt wünschst. Vermutlich das Gleiche, was sich meine Tochter gewünscht hat, als ich ihr die Geschichte bis zu dieser Stelle vorgelesen

hatte. „Papa, du musst dem gemeinen Huhn jetzt etwas
ganz Schlimmes passieren lassen!"

Nun, in den meisten Geschichten passiert so gemeinen
Hühnern ja tatsächlich etwas Schlimmes. Sie werden zum
Beispiel vom Fuchs gefressen oder landen im Suppentopf.
Oder die anderen Hühner tun sich zusammen, picken alle
auf das gierige Huhn ein und jagen es von den Körnern
weg, damit es merkt, wie das ist. Aber das gibt es leider
nur in erfundenen Geschichten. Weil diese Geschichte
aber nicht erfunden ist, muss ich sie so zu Ende erzählen,
wie es wirklich war. Auch wenn der Schluss dir und meiner
Tochter nicht gefällt. Darauf kann ich in diesem Fall keine
Rücksicht nehmen.

Durch seine Größe und Kraft herrschte das gierige Huhn
nach Lust und Laune über die anderen Hühner. Es brauchte
nur zu gackern und den scharfen Schnabel in die Luft zu

recken, schon liefen die Hühner auseinander, versteckten sich oder verschwanden im Hühnerhaus.

Und daran hat sich bis heute nichts geändert.

Der neue Till Eulenspiegel

Die Kinder sollen für einen Wettbewerb
Tiergeschichten schreiben. Für die meisten
ist das kein Problem, sie schreiben einfach
über ihre Haustiere.
Aber Fabian hat kein Haustier. Und wenn er eines hätte,
würde er nicht darüber schreiben. Er mag nämlich keine
Geschichten über Katzen, Goldhamster, Mäuse, Kaninchen,
Meerschweinchen und Hunde. Und Pferdegeschichten
mag er schon gar nicht. Deswegen nagt er lange an seinem
Füller herum, bis ihm eine Geschichte einfällt, mit der er
zufrieden ist.

Es war einmal eine Eule, die hatte zwei Kinder. Eine
Tochter und einen Sohn. Die Tochter hieß Elli, der Sohn
hieß Till. Eines Abends, als die Kinder aufwachten, sagte
die Eule: „Heute Nacht werde ich euch zeigen, wie man
Mäuse jagt."
Elli freute sich auf die Jagd, Till nicht. Ihm wäre es lieber
gewesen, wenn die Mutter auch weiterhin die Mäuse
gefangen und ihm vor den Schnabel gelegt hätte.
„Nichts da", sagte die Eule. „Du musst deine Mäuse jetzt
selbst fangen."
So blieb Till nichts anderes übrig, als mit seiner Mutter
und Elli auf die Jagd zu fliegen.
Die Eule suchte einen frei stehenden Baum und sagte: „Von
hier habt ihr eine gute Übersicht, und die Mäuse können
sich nicht unter Büschen oder Bäumen verstecken."

Als die erste Maus aus ihrem Loch kam, zeigte die Eule ihren Kindern, wie man sich lautlos hinabgleiten lässt und die Maus mit den Krallen packt.

Während sie auf die nächste Maus warteten, sah Till im Gras etwas leuchten. Das interessierte ihn mehr als Mäuse, und sofort flog er los. Im Gras lag ein kleiner Spiegel, in dem sich das Mondlicht spiegelte. Till schnappte den Spiegel und flog zurück auf den Baum.

„Jetzt hast du die Mäuse verjagt!", schimpfte die Eule. „Wegen so eines dummen Spiegels!"

„Der hat so schön geleuchtet", sagte Till.

„Aber den kannst du nicht essen."

Das war Till egal. Er wollte nur, dass der Spiegel wieder leuchtete. Darauf wartete er die ganze Nacht.

Als der Tag anbrach, sah Till plötzlich ein Gesicht in dem Spiegel. „Da ist ja eine Eule drin!", rief er. „Das ist ein Eulenspiegel!"

„Weißt du, wer die Eule in deinem Eulenspiegel ist?", fragte die Eule.

Till schüttelte den Kopf.

„Du bist das, Till", sagte die Eule. „Du bist der Till im Eulenspiegel."

„Till Eulenspiegel! Till Eulenspiegel!", neckte Elli ihren Bruder. Und so wurde aus Till an diesem Morgen Till Eulenspiegel.

Ist das nicht eine tolle Tiergeschichte? Wenn ich Lehrer wäre, würde Fabian dafür eine Eins bekommen. Und von dir?

Besuch aus der Stadt

Petras Eltern haben einen Bauernhof in Bayern. In den
Sommerferien kommt Petras Vetter Jan aus Hamburg
zu Besuch. Gleich am ersten Tag zeigt Petra ihm den
Bauernhof.

„Komm, jetzt gehen wir auf die Weide", sagt Petra.
Sie laufen über Wiesen bis zu einem Zaun. Jan bleibt
stehen und macht große Augen. „Sind das Stiere?"
Petra lacht. „Nein, das sind doch Kühe." Sie kriecht unter
dem Zaun hindurch.
Jan zögert. „Die sehen aber aus wie Stiere."
„Komm, die tun uns nichts", sagt Petra.
Jan kriecht hinter Petra her. Vorsichtig nähern sie sich der
ersten Kuh. Die frisst Gras und scheint die beiden gar nicht
zu bemerken.
„Guck, da unten kommt die Milch raus", erklärt Petra und
zeigt auf das Euter.
Jan guckt die Kuh genau an. Dann fragt er: „Und ihr haltet
bloß die Tüten drunter?"

Rotkäppchen

Es war einmal ein Mädchen, das wurde von allen Leuten Rotkäppchen genannt.

Eines Tages sagte seine Mutter: „Rotkäppchen, geh hinaus zur Großmutter und bring ihr Kaffee und Kuchen. Aber geh nicht vom Weg ab und komm wieder heim, bevor es dunkel ist."

Rotkäppchen nahm den Korb mit Kaffee und Kuchen und machte sich auf den Weg.

Als es schon ein ganzes Stück gegangen war, kam plötzlich der Wolf.

„Wohin gehst du?", fragte er.

„Zu meiner Großmutter", antwortete Rotkäppchen.

„Wo wohnt deine Großmutter?"

Rotkäppchen überlegte nicht lange und sagte: „Du musst bis zu der großen Eiche laufen. Dann siehst du rechts ein kleines Haus am Waldrand. Da wohnt sie, meine Groß-mutter."

Der Wolf lief schnell davon.

Rotkäppchen aber ging singend in die andere Richtung, denn in dem kleinen Haus am Waldrand wohnte in Wirklichkeit der Jäger.

Kribbeln im Bauch

Lukas guckt ein riesiges Loch in die Luft. Herr Baier ruft
ihn zweimal auf, aber Lukas hört nichts. Er ist mit seinen
Gedanken weit weg.
Herr Baier tippt Lukas auf die Schulter. „Hallo, Lukas!
Aufwachen!"
Lukas erschrickt.
„Jetzt ist Deutschstunde, nicht Traumstunde."
Die Kinder kichern. Lukas schämt sich.
Herr Baier erklärt, welche Wörter klein- und welche
großgeschrieben werden. Aber Lukas kann nicht aufpassen.
Er schaut auf die Uhr. In fünf Minuten ist große Pause.
Als der Gong endlich ertönt, läuft Lukas als Erster hinaus.
Im Schulhof stellt er sich hinter den dicken Kastanienbaum
und beobachtet den Eingang. Nach und nach strömen die
Kinder heraus.
Lukas entdeckt Vanessa, und sofort wird ihm warm.
Er spürt sein Herz schlagen.

Vanessa schlendert mit ihrer Freundin Lara über den
Schulhof – genau auf den Kastanienbaum zu. Lukas steht
wie angewurzelt. Er möchte weglaufen, aber er kann sich
nicht rühren. Vanessa und Lara kommen immer näher.
Lukas hört sie reden. Sie gehen an ihm vorbei – und nichts
passiert.

„He, Lukas! Spielst du mit?", ruft jemand.

„Was?"

Miro und Paul stehen direkt vor Lukas. „Du träumst ja
immer noch", sagt Miro.

„Lass mich in Ruhe!" Lukas dreht sich um und geht weg.

Miro tippt sich an die Stirn. „Der spinnt!"

Lukas' Augen suchen Vanessa. Er stellt sich auf die Zehen-
spitzen und reckt den Hals. Da entdeckt er sie und geht
schnell in ihre Richtung. Ein paar Schritte vor ihr bleibt er
stehen und schaut sie einfach nur an. Dabei wird ihm
wieder ganz warm. Das Kribbeln im Bauch ist schön und
tut gleichzeitig ein wenig weh.

„Guck mal, wie der glotzt", sagt Lara.

Vanessa sagt nichts. Sie sieht Lukas auch die ganze Zeit an.
Der dreht sich um und läuft weg.

Von Weitem beobachtet er Vanessa, bis der Gong die Pause
beendet. Lukas stellt sich neben den Eingang; die Mädchen
und Jungen ziehen an ihm vorbei.

„Guck mal, wie der dasteht", sagt Paul zu Miro.

Miro tippt sich an die Stirn. „Der spinnt wirklich."

Lukas lässt sie reden; heute machen ihm die Sticheleien
nichts aus.

Endlich kommt Vanessa. Ihre Freundin zeigt auf Lukas und

kichert. Vanessa kichert nicht. Sie geht dicht an Lukas vorbei und lächelt ihn an.

Da drängt er sich durch die Schüler und rast über den Schulhof, als wäre der Teufel höchstpersönlich hinter ihm her.

Herr Baier schüttelt den Kopf und murmelt: „Was ist bloß mit Lukas los?"

Auf dem Schrottplatz

An einem schönen Nachmittag war Christian wieder einmal
allein und wusste nicht, was er machen sollte. Weil ihm
nichts Besseres einfiel, nahm er sein Rad und fuhr durch
die Gegend. Dabei kam er auch an einem Schrottplatz
vorbei. Er hielt an, um sich die kaputten Autos anzusehen.
Plötzlich rief eine Stimme: „Hallo, hier bin ich!" Christian
erschrak und sah sich um, konnte aber keinen Menschen
entdecken.
Die Stimme rief noch einmal: „Hier bin ich! Hier, der
gelbe Porsche mit dem kaputten Vorderteil."
„Ich … ich … ich habe gar nicht gewusst, dass ein Auto
sprechen kann", stotterte Christian.
„Ihr Menschen wisst noch vieles nicht", antwortete der
Porsche. „Komm, setz dich zu mir, ich möchte dir erzählen,
warum ich hier bin."
Christian setzte sich vor dem Porsche auf den Boden. Der
Porsche fing an zu erzählen: „Ich stand einmal in einem
großen Autohaus. Eines Tages kam ein junger Mann und
kaufte mich. Er setzte sich gleich in mich, drehte den
Schlüssel herum, drückte aufs Gaspedal, und ich sprang an.
Er holte seine Freundin ab und zeigte mich ihr. Wir fuhren
durch Städte und Wälder. Der junge Mann jagte mich wie
verrückt durch die Landschaft. Ich konnte fast nicht mehr.
Seine Freundin rief, er solle nicht so schnell fahren. Aber
er drückte immer stärker aufs Gaspedal. Bis eine scharfe
Kurve kam. Da konnte der junge Mann nicht mehr rechtzeitig bremsen und fuhr mich gegen einen Baum.

Es dauerte nicht lange, bis ich den Krankenwagen und die Polizei kommen hörte. Was dem jungen Mann und seiner Freundin passiert ist, weiß ich nicht. Mich zog ein Abschleppwagen an einem widerlichen Haken in die Höhe und schleppte mich hierher."

Christian sah, dass dem Porsche Tränen aus seinen kaputten Scheinwerfern liefen.

„Du brauchst doch nicht mehr zu weinen", tröstete er das Auto. „Ich werde dich jetzt öfter besuchen."

„Das ist nett von dir", sagte der Porsche. „Aber noch schöner wäre es, wenn ich wieder fahren könnte."

Christian überlegte. „Mein Onkel ist Automechaniker. Vielleicht kann er dich reparieren, wenn ich ihn darum bitte."

Da strahlte der Porsche, so gut er mit seinem verbeulten Vorderteil strahlen konnte.

Der Müll muss weg!

Es war einmal eine schöne Stadt. Den meisten Leuten ging es gut, sehr gut sogar. Sie hatten alles, was sie zum Leben brauchten – und noch viel mehr. Und wenn sie etwas Neues wollten, kauften sie es einfach. Was die Leute nicht mehr wollten oder brauchen konnten, warfen sie zum Abfall.

Jeden Tag fuhren viele Müllautos durch die Straßen und sammelten den Abfall ein. Draußen vor der Stadt kippten sie ihn auf eine große Wiese. Dort wurde aus dem vielen Abfall langsam ein Hügel, und aus dem Hügel wurde ein Berg. Die Leute nannten ihn Müllberg. Dieser Müllberg wurde von Tag zu Tag höher und war bald der höchste Berg weit und breit.

Wenn am Sonntag schönes Wetter war, fuhren die Leute zum Müllberg und stiegen hinauf, um die herrliche Aussicht auf ihre schöne Stadt zu genießen. Dabei sahen sie, dass auch vor anderen Städten Müllberge in den Himmel wuchsen. Und wer ein Fernglas hatte, konnte sogar die Leute auf den anderen Müllbergen herumklettern sehen.

An einem trüben Montagmorgen stieß der Müllberg vor der schönen Stadt durch die Wolkendecke. Fast gleichzeitig begann die Erde zu zittern und zu beben. Zuerst noch leicht, dann stärker, immer stärker. Die Leute in den Häusern, Fabriken, Büros und Geschäften hielten sich ängstlich an Tischen, Schränken, Türen und aneinander fest oder liefen hinaus auf die Straßen. Dort hörten sie einen Lärm, wie sie noch nie einen gehört hatten.

Es krachte, schepperte, klirrte, zischte, polterte, quietschte, gurgelte, puffte, runkelte, knarrte, dass es in den Ohren dröhnte.

„Der Berg kommt!", schrie ein Mann.

„Hilfe!", riefen die andern und rannten weg, so schnell sie konnten. Sie verschwanden in den Häusern, verriegelten die Türen und schlossen die Fensterläden.

Draußen quoll der Müll durch die Straßen, begrub die Autos unter sich, schob sich in die Gärten und drückte bei vielen Häusern Türen und Fenster ein. Die Leute flüchteten in die oberen Stockwerke und zitterten vor Angst.

Es dauerte lange, bis sich die Erde wieder beruhigte und das Krachen, Scheppern, Klirren, Zischen, Poltern, Quietschen, Gurgeln, Puffen, Runkeln und Knarren aufhörte. Die Leute saßen immer noch ängstlich in ihren Häusern. Nach einiger Zeit kletterten die Ersten zu den oberen Fenstern und zu den Dächern hinaus. Was sie draußen sahen, ließ ihnen den Atem stocken. Nach und nach trauten sich immer mehr Leute hinaus. Sie stolperten über den Müll und sahen einander ratlos an.

„Igitt!", rief eine Frau, als sie in einen Topf mit gelber Farbe trat.

Ein Mann rutschte in eine alte Kloschüssel und steckte fest. Ein anderer fiel in eine Kiste mit fauligen Tomaten. Ein Junge riss sich die Hand an einem kaputten Fernseher auf.

„Der Müll muss weg", sagte eine Frau.

„Ja, der Müll muss weg!", riefen die Leute.

„Aber wie und wohin?", fragte ein alter Mann.

„Einfach weg", sagten die Leute.

„Einfach weg?" Der alte Mann sah die Leute an und
schüttelte den Kopf.

Die Leute ließen den alten Mann stehen. Sie krochen,
stiegen, kletterten, wateten durch den Müll bis vor das
Rathaus. Dort wurden Stühle, Sessel, Sofas und ein Tisch
aus dem Müll gesucht.

Der Bürgermeister und die Stadträte setzten sich zusammen
und berieten, was zu tun war. Und wenn sie nicht im Müll
versunken sind, beraten sie noch heute.

In Frieden leben

Im alten Häuschen vor dem Dorf wohnt seit ein paar Wochen eine Frau mit ihren Tieren. Sie hat viele Tiere: ein Schwein, drei Schafe, mindestens fünf Katzen und ungefähr zehn Hühner. Ins Dorf geht die Frau nur sehr selten. Und bald erzählen sich die Leute, mit der Frau stimme etwas nicht. Die sei nicht normal. Die Kinder machen immer einen weiten Bogen um das Häuschen.

Eines Nachmittags fahren Pia und Conny mit ihren Rädern an dem Häuschen vorbei. „Ich möchte mal sehen, was die tut", sagt Pia. „Vielleicht ist sie eine Zauberin und zaubert gerade. Komm, wir schleichen uns von hinten an."

Das tun die beiden. Als sie schon über den Gartenzaun geklettert sind, flüstert Conny: „Sollen wir nicht lieber verschwinden?"

Pia schüttelt den Kopf und geht geduckt weiter.

„Miau", macht es plötzlich. Die beiden Mädchen erschrecken fürchterlich. Eine schwarze Katze steht vor ihnen. Und hinter der Katze steht die Frau. „Was habt ihr denn hier zu suchen?"

„Wir ... wir wollten ...", stottert Pia.

„Spionieren wolltet ihr", sagt die Frau. „Aber hier gibt's nichts zu spionieren. Ich tu niemandem was. Ich mag nur die Menschen nicht, das ist alles. Und ich möchte hier draußen in Frieden leben. Versteht ihr?"

Pia und Conny nicken.

„Gut", sagt die Frau. Dann hält sie Pia und Conny höflich das Gartentürchen auf.

Manfred Mai wurde 1949 in Winterlingen auf der Schwäbischen Alb geboren. Dort hat er zunächst als Maler und Werkzeugschleifer gearbeitet. Später ist er Lehrer geworden und heute ist er ein sehr erfolgreicher Kinderbuchautor. Er lebt mit seiner Familie in seinem Geburtsort und manchmal schreibt er auch so, wie man dort spricht, nämlich schwäbisch. Bei Ravensburger sind von ihm schon zahlreiche Bilder- und Kinderbücher erschienen.

Geschichten zum Vorlesen von Manfred Mai

**Die schönsten 1-2-3 Minutengeschichten
von starken Löwen, wilden Piraten und mutigen Kindern**

Der bekannte Kinderbuchautor Manfred Mai hat die 100 schönsten
seiner Geschichten zum Vorlesen und Selberlesen ausgewählt.
Sie sind 1, 2 oder 3 Minuten lang und erzählen von tapferen Drachen
und starken Löwen, von wilden Piraten, großen Zauberern und
mächtigen Riesen, von Eltern und Großeltern und mutigen Kindern,
von Wünschen und Ängsten, von Freundschaften, Streit und
Versöhnung.

Die schönsten Geschichten zum Nachdenken, Lachen, Kuscheln
und Träumen.

ISBN 978-3-473-**34779**-7

Geschichten zum Vorlesen von Manfred Mai

100 neue 1-2-3 Minutengeschichten
von Wolkenschafen, Zauberern und schlauen Kindern

Manfred Mai hat 100 neue Geschichten zum Vorlesen und Selberlesen geschrieben. Sie sind 1, 2 oder 3 Minuten lang und erzählen von Wolkenschafen und Sternschnupfen, von Eltern und Großeltern und schlauen Kindern, von Wünschen und Ängsten, von Geheimnissen und Überraschungen, von Freundschaften und von den Wundern dieser Welt.

Wunderschöne Geschichten zum Nachdenken, Lachen, Kuscheln und Träumen.

ISBN 978-3-473-36814-3